◆ 河南省哲学社会科学规划项目"河南省静脉产业生态效率评价及提升策略研究"（编号：2020BJJ073）阶段性成果

◆ 河南省软科学研究项目"生态保护和高质量发展背景下黄河流域静脉产业绿色行为机理与生态效率提升机制研究"（编号：222400410539）阶段性成果

◆ 郑州工程技术学院高层次人才科研项目"中国静脉产业绿色效率测度及提升路径研究"（编号：ZGGS202104）阶段性成果

中国静脉产业园四链协同机制及其政策效果评价研究

赵国甫 著

郑州大学出版社

图书在版编目(CIP)数据

中国静脉产业园四链协同机制及其政策效果评价研究／赵国甫著.— 郑州：郑州大学出版社，2022.9
ISBN 978-7-5645-8885-4

Ⅰ.①中… Ⅱ.①赵… Ⅲ.①生态工业-工业园区-经济发展-研究-中国 Ⅳ.①F424

中国版本图书馆 CIP 数据核字(2022)第 122902 号

中国静脉产业园四链协同机制及其政策效果评价研究
ZHONGGUO JINGMAI CHANYEYUAN SILIAN XIETONG JIZHI JIQI ZHENGCE XIAOGUO PINGJIA YANJIU

策划编辑	王卫疆	封面设计	苏永生
责任编辑	吴 静	版式设计	凌 青
责任校对	樊建伟	责任监制	凌 青 李瑞卿
出版发行	郑州大学出版社	地 址	郑州市大学路40号(450052)
出 版 人	孙保营	网 址	http://www.zzup.cn
经 销	全国新华书店	发行电话	0371-66966070
印 刷	广东虎彩云印刷有限公司		
开 本	710 mm×1 010 mm 1/16		
印 张	13.5	字 数	209 千字
版 次	2022年9月第1版	印 次	2022年9月第1次印刷
书 号	ISBN 978-7-5645-8885-4	定 价	49.00元

本书如有印装质量问题,请与本社联系调换。

作者简介

赵国甫,管理学博士,高级工程师,郑州工程技术学院经济贸易学院副教授。具有14年企业工作经历,熟悉工业企业战略规划、信息化建设、生产运营、物流与供应链、全面预算及风险管控,具有多年投资项目决策分析、评价管理工作经验。研究方向为战略管理与企业信息化、绿色供应链、资源与环境技术经济管理。

前 言

静脉产业"园区化"发展模式有利于土地集约利用、废物集约处理、利用、规模化经营，在发展循环经济、促进废物利用、加快生态文明建设方面发挥了重要作用，不少城市规划设立了静脉产业园，在发展和运行中取得了一些经验，但也存在产业链条短、产业环节缺失、产业发展能力受限、创新不足、配套服务跟不上、资金支持不力、资金流动能力不强等协同性问题，反映了产业链、创新链、服务链和资金链四个链条存在协同性问题，值得关注。

本研究构建静脉产业园发展的四链协同支持体系，提出四链协同范式并加以证明，构建静脉产业园四链功能评价体系和四链协同度评价体系并加以验证，分析四链协同动力机制，构建系统动力学模型进行仿真分析，构建政策措施协同度评价模型并加以实证，拓展了复杂系统的研究领域，丰富了技术经济及管理研究方法，具有一定理论意义。本书探讨静脉产业园产业链、创新链、服务链和资金链四链协同系统动力机制和协同度，是对习近平总书记"四链融合"系统创新构想在静脉产业领域的实践，对静脉产业园建设和发展提供了关于园区功能、能力、协同等方面的实践参考，为园区管理机构完善静脉产业园产业链、创新链、服务链和资金链功能，提升产业发展能力、创新能力、服务能力、资金筹集及流动能力及其协同度，优化静脉产业政策措施，提升政策措施协同度具有现实指导意义。

本书以"中国静脉产业园四链协同机制及其政策效果评价研究"为题，从四个方面展开研究工作。①分析四链内涵及其关系，提出静脉产业园四链协同范式，论证该范式的科学性，为进一步研究奠定理论基础。②构建功能评价模型和协同度评价模型，并对模型进行实证分析。③分析静脉产业园四链协同机制,构建四链协同动力学模型,通过数值仿真,分析产业政策对静脉产业绩效的影响,为寻找最优政策提供参考。④构建静脉产业政策协同效果评价指标和模型,分析静脉产业政策中四链支持措施的协同性,评价政策协同对产业绩效的影响。

本研究可能有四个方面的创新。①在研究视角上从单一的静脉产业园产业链研究扩展到四链协同支持研究。已有研究主要聚焦于静脉产业链单个方面,很少涉及技术与管理创新、配套服务完善、资金支持等方面,将产业链、创新链、服务链和资金链放在一个框架中讨论它们协同关系的研究更不多见,本研究在这个方面做了尝试和探索。②提出静脉产业园产业链、创新链、服务链和资金链四链协同范式,是协同理论在产业发展中的尝试性应用,也是对库恩科学研究范式在经济管理领域的拓展。③应用系统动力学方法构建静脉产业园四链协同系统动力学模型,探索四链变化对产业绩效的影响,是系统动力学方法在静脉产业领域中的尝试性应用。④提出政策措施变化增量评价方法。政策具有连续性和递进性,无论是出台新政策还是调整已有政策,政策制定者的出发点都是对既有政策的优化调整,因此,在对某项政策措施量化评价时,应该在比较既有政策基础上,对政策措施变化程度做出增量评价。但是已有研究对政策措施量化时,均采用了零基评价方法。本研究采用增量评价方法,是一种新的尝试。

本研究采用了三种研究方法。①文献查阅与实地调研相结合的方法。通过大量阅读静脉产业、循环经济、资源循环利用、废物再生利用主题方面的文献,掌握国内外静脉产业发展研究现状,感知当前关于循环经济研究的热点问题,确定本研究要解决的学术问题。然后深入河南、江苏、天津、山西等省市的生态产业园区走访调研,为本书撰写获取到详实的一手资料。②规范分析与实证分析相结合的方法。静脉产业园四链协同科学范式假说提出及证明、静脉产业园四链功能和协同度评价均采用了规范分析方法。基于复杂系统理论,构建四链协同系统动力学模型进行模拟、构建静脉产业政策计量模型进行实证研究均属于实证分析方法。③技术经济理论工具与管理科学理论工具相结合的方法。废物利用是典型的技术经济问题,需要运用技术经济学中评价理论和方法。但是,废物利用是循环经济和环境治理的重要组成部分,是一个系统性问题,超越了技术经济理论的范畴,需要结合管理科学理论工具进行更加深入的分析。

研究结论包括以下四个方面。①目前我国静脉产业园产业链功能日趋完善,发展比较成熟、规模大、产业相关度高的静脉产业园更容易实现集约化经营,材料和能源更容易梯级利用、充分利用,产业链功能已经比较完善,资源、能源梯级利用,土地集约化利用已初见成效。总体来说,创新链功能完善度高于产业链、服务链和资金链。②我国静脉产业发展环境日趋优化,龙头静脉企业发展迅猛,生态工业园区化发展成为大趋势,废弃资源回收模式创新和废物利用技术创新成为静脉产业发展、园区企业盈利的强大动力。但是产业链、创新链、服务链和资金链协同性差是制约静脉产业园发展的重要因素,资金链功能弱是制约静脉产业园发展的主要因素。③产业发展能力子系统、创新能力子系统、服务能力子系统、资金筹集及流动能力子系统的有序度均呈上升趋势,而四链复合系统的协同度处于 $0 \sim 0.2$ 低区间范围内的平稳水平。④采取产业链优化措施、创新引领措施、服务促进措施和资金支持措施对降低单位工业增加值固废产生量、提高人均工业增加值、固废综合利用率、固废处置利用能力、公众对环境的满意度、公众对生态环境的认知率均具有明显正向影响。静脉产业政策措施整体上协同性较好,对静脉产业园绩效的作用总体上正向作用多于负向作用。

目 录

导论 ·· 1
 第一节　研究背景、问题及意义 ·· 001
 第二节　研究内容与可能的创新 ·· 013
 第三节　研究方法与技术路线 ··· 015

第一章　理论基础与文献回顾 ·· 018
 第一节　理论基础 ·· 018
 第二节　文献回顾 ·· 037

第二章　静脉产业园四链功能及协同度评价方法 ························ 053
 第一节　四链内涵、功能及四链协同范式 ······························· 053
 第二节　四链功能评价体系 ·· 067
 第三节　四链协同度评价体系 ··· 079

第三章　静脉产业园四链协同系统动力学分析 ··························· 098
 第一节　四链协同系统动力学模型构建 ·································· 098
 第二节　四链协同系统动力学模型 ······································· 122

第四章　静脉产业园四链政策协同效果评价 ······························ 148
 第一节　问题的提出 ·· 148
 第二节　数据来源与研究方法 ··· 151
 第三节　静脉产业政策措施协同评价体系构建 ······················· 152

  第四节 中国静脉产业园四链政策协同效果评价 …………… 166
第五章 结论、政策建议与展望 …………………………………… 179
  第一节 研究结论 ………………………………………………… 179
  第二节 政策建议 ………………………………………………… 181
  第三节 研究局限性及展望 ……………………………………… 185
参考文献 …………………………………………………………………… 187
后记 ………………………………………………………………………… 199

表 录

表 0-1　我国静脉产业园区的类型 …………………………………… 004
表 0-2　2016—2017 年度我国再生资源按类别回收利用量 ………… 005
表 0-3　2016—2017 年度我国再生资源按类别回收利用价值 ……… 006
表 1-1　关于协同度评价的研究 …………………………………… 025
表 1-2　判断矩阵元素 a_{ij} 的标度与方法 ………………………… 034
表 1-3　随机一致性指标 RI ………………………………………… 035
表 1-4　近 5 年国外学者对废物利用的研究 ……………………… 040
表 1-5　国内学者关于静脉产业的研究 …………………………… 049
表 2-1　静脉产业园四链功能评价指标 …………………………… 068
表 2-2　功能评价值与功能完善程度 ……………………………… 070
表 2-3　三个静脉产业园区概况 …………………………………… 072
表 2-4　静脉产业园四链功能权重 ………………………………… 073
表 2-5　静脉产业园四链二级功能专家评分值 …………………… 075
表 2-6　静脉产业园四链功能和一级功能评价值 ………………… 076
表 2-7　静脉产业园四链功能完善程度定性评价 ………………… 078
表 2-8　静脉产业园四链协同度评价指标 ………………………… 082
表 2-9　标准化后的天津子牙静脉产业园四链协同指标数据标准化 … 089
表 2-10　标准化后的西安高新静脉产业园四链协同指标数据标准化 …… 090

1

表2-11	天津子牙静脉产业园四链协同指标权重	091
表2-12	西安高新静脉产业园四链协同指标权重	091
表2-13	天津子牙静脉产业园四链能力有序度和四链复合系统协同度	091
表2-14	西安高新静脉产业园四链能力有序度和四链复合系统协同度	092
表3-1	模型中方程的参数代码说明	111
表3-2	静脉产业园四链协同系统动力学模型参数评估	125
表3-3	静脉产业园四链协同系统动力学模型边界	126
表3-4	人均工业增加值和单位工业增加值固废产生量检验结果	133
表3-5	静脉企业数和园区资产规模检验结果	134
表3-6	年申请专利数和固废综合利用率检验结果	134
表3-7	科研经费投入和从事科研活动人数检验结果	135
表3-8	模型中重要指标的仿真值	138
表3-9	预测变量回归结果	140
表4-1	政策措施变化量化评价方法概要	155
表4-2	政策效力量化评价标准	156
表4-3	优化产业链措施变动量化标准	157
表4-4	创新引领措施变动量化标准	158
表4-5	财税金融措施变动量化标准	158
表4-6	服务促进措施变动量化标准	159
表4-7	宣传引导措施变动量化标准	159
表4-8	行政规范措施变动量化标准	160
表4-9	政策措施协同变量	161
表4-10	产业绩效变量	163
表4-11	2005—2016年我国静脉产业园绩效指标数值	163

表 4-12　政策发布部门和政策类型分布情况 ·················· 166

表 4-13　部门政策涉及到的部门数及多部门政策比例 ·············· 167

表 4-14　各年度政策措施量化值 ························ 167

表 4-15　各变量的描述性统计结果 ······················· 168

表 4-16　静脉产业政策措施协同对人均工业增加值($lnPCIAV$)的
影响 ································ 170

表 4-17　静脉产业政策措施协同对单位工业增加值固废产生量($lnSWIAV$)
的影响 ······························ 171

表 4-18　政策措施协同使用对产业绩效影响的显著性、作用方向和弹性变
化情况 ······························ 177

图 录

图0-1　2011—2017年我国主要再生资源按类别回收利用总量和总值 ……………………………………………………………………… 007

图0-2　2011—2017年我国国家级生态工业示范园区数量和静脉产业园数量及其投资规模 ……………………………………… 007

图0-3　技术路线图 …………………………………………… 017

图1-1　静脉产业与动脉产业的关系 ………………………… 020

图1-2　循环经济中动脉产业与静脉产业核心产业活动环节示意图 … 021

图2-1　不同废物的处理环节 ………………………………… 058

图2-2　静脉产业园产业链功能 ……………………………… 058

图2-3　静脉产业园创新链功能 ……………………………… 058

图2-4　静脉产业园服务链功能 ……………………………… 059

图2-5　静脉产业园资金链功能 ……………………………… 059

图2-6　静脉产业园四链协同关系 …………………………… 061

图2-7　静脉产业园四链协同支持框架 ……………………… 062

图2-8　天津子牙四链有序度演进图 ………………………… 092

图2-9　西安高新四链有序度演进图 ………………………… 093

图2-10　天津子牙和西安高新四链复合系统协同度演进比较 ………… 093

图2-11　天津子牙和西安高新静脉产业链发展能力有序度演进比较 ……………………………………………………………………… 094

图 2-12　天津子牙和西安高新静脉产业创新能力有序度演进比较……… 095

图 2-13　天津子牙和西安高新静脉产业服务能力有序度演进比较……… 095

图 2-14　天津子牙和西安高新静脉产业资金筹集及流动能力有序度演进比较………………………………………………………………… 096

图 3-1　产业链、创新链、服务链、资金链协同动力机制…………… 099

图 3-2　静脉产业园四链协同关系反馈回路图 ………………………… 101

图 3-3　产业链子系统各变量关系 ……………………………………… 104

图 3-4　创新链子系统各变量关系 ……………………………………… 105

图 3-5　服务链子系统各变量关系 ……………………………………… 106

图 3-6　资金链子系统各变量关系 ……………………………………… 107

图 3-7　静脉产业园四链协同系统存量流量图 ………………………… 121

图 3-8　固废处理能力大于待处理固废量且利用率为 100% 极值条件下固废存量极限情况测试 ………………………………………… 129

图 3-9　亿元工业 GDP 固废产生量降低率取不同值时的固废综合利用量 …………………………………………………………… 130

图 3-10　亿元工业 GDP 固废产生量降低率取不同值时的固废产生量 …………………………………………………………… 131

图 3-11　园区资产规模积分检验模拟结果 …………………………… 132

图 3-12　生产性服务水平积分检验模拟结果 ………………………… 132

图 3-13　人均工业增加值模拟图 ……………………………………… 143

图 3-14　单位工业增加值固废产生量模拟图 ………………………… 143

图 3-15　废物综合利用率模拟图 ……………………………………… 144

图 3-16　固废处置利用能力模拟图 …………………………………… 144

图 3-17　公众对环境满意度模拟图 …………………………………… 145

图 3-18　公众对生态工业的认知率 …………………………………… 145

图 4-1　不同政策措施表述频次比较 …………………………………… 153

导 论

第一节 研究背景、问题及意义

一、研究背景

(一)静脉产业发展受到国际社会普遍关注

资源日渐稀少,废物与日俱增,人类生存环境不断恶化,经济、社会可持续发展受到掣肘。一方面,人类对可再生资源(如森林、水)的消耗速度超出了其再生速度,对不可再生资源(如矿物和化石能源)掠夺式开发导致其急剧减少,资源短缺成为制约经济社会可持续发展的瓶颈,急需人类采取措施破解资源供应危机。另一方面,日渐增多的工业废物和生活垃圾超出了大自然承载力和消解力,导致环境恶化,急需人类采取措施减少废物排放,消化废物存量。事实上,废物中有不少可以被二次利用甚至循环利用的"资源",这些资源被称为"再生资源"。在技术可行、经济合理的条件下,将废物中可利用的资源变废为宝,加以利用,能够有效缓解资源短缺、环境污染问题,人类社会可持续发展面临的资源与环境问题将逐步得到解决。

1992年6月,在联合国环境与发展大会上签署的《里约环境与发展宣言》中,第二条原则要求:"各国根据联合国宪章和国际法原则有至高无上的权利按照它们自己的环境和发展政策开发它们自己的资源,并有责任保证在它们管辖或控制范围内的活动不对其他国家或不在其管辖范围内的地区的环境造成危害。"第七条原则要求:"各国应本着全球伙伴关系精神进行合作,以维持、保护和恢复地球生态系统的健康和完整。"世界各国政府积极履行《里约环境与发展宣言》的要求,发达国家承认其在发展经济过程中"对全球环境造成的压力,鉴于它们掌握的技术和资金,主动在国际寻求持续发展的进程中承担责任"[①]。

静脉产业是对废弃物转换为再生资源并加以利用的经济活动的总称,其本质是循环经济理念的实现过程。静脉产业使传统的"资源—产品—废弃物"线性经济模式,转变为"资源—产品—废弃物—再生资源"闭环经济模式,使废物变废为宝、循环利用,降低其对环境的危害,减少自然资源的使用,使自然生态系统在自我修复作用下良性循环。本书所讲的静脉产业,既包括动脉产业中对废物再利用的环节,又包括动脉产业之外,专门对生产、流通和消费过程中产生的废物进行收集、运输、仓储、分拣、再生转化、加工利用和无害化处置等环节,这一系列环节构成了静脉产业链。

国外静脉产业园建设起步早,目前发展状况较理想。丹麦卡伦堡生态园是世界上最早、迄今运行最成功、最为生态的静脉产业生态园。园内四家大型企业和十余家小型企业形成一个功能稳定,高效利用物质、能源和信息的庞大工业企业共生群落。园区企业包括三个层次:第一个层次是以炼油厂、发电厂、石膏制版厂、制药厂为核心的主导产业群落,这些企业之间通过物质交换方式充分利用彼此产生的废弃物或副产品,形成代谢生态链,实现园区污染"零排放";第二个层次是以化肥厂、水泥厂、养鱼场等中小企业作为补链的配套产业群落;第三个层次是以微生物修复公司、废品处理公司、废水处理站等静脉企业组成的废物还原企业群落。

日本国土面积狭小,资源匮乏,全球气温变暖导致日本国土面积进一步减小,制约着其可持续发展,由此,政府非常重视静脉产业园建设与发展。19世纪80年代,日本开始建设静脉产业园,中央和地方政府给予充足的资金支持,其中北九州生态工业园是一个成功的案例,园区汇集了众多废旧工业产品再循环处理厂,包括塑料饮料瓶再制造厂、办公机器再制造厂、建筑

---

① 摘自《里约环境与发展宣言》。

废物再制造厂、报废汽车再制造厂、废旧家电再制造厂、荧光灯管再制造厂、医疗器具再制造厂等。为了充分利用废物,各再制造厂在生产过程中将熔融物制成混凝土再生砖、建筑平衡锤等,同时利用废物焚烧和工业生产过程产生的热能进行发电和供暖。

(二)静脉产业成为21世纪我国最具发展潜力产业之一

中国政府积极践行《里约环境与发展宣言》精神要义,2005年10月发改委联合国家环保总局等部门开展第一批循环经济试点,包括再生资源回收利用体系建设、废旧金属再生利用、废旧家电回收利用、再制造4个重点领域的17家单位,在13个不同产业区和10个省份内发展再生资源回收利用产业,构建循环经济体系。2006年,国家环保总局发布《静脉产业类生态工业园区标准(试行)》(HJ/275—2006),对我国静脉产业园建设、管理和验收提出了标准,对静脉产业园发展起到了规范和促进作用,静脉产业发展及其园区建设逐渐受到重视。党的十九大报告提出"加强固体废弃物和垃圾处置",这是首次将固体废弃物与垃圾处置写入党的报告,意味着国家最高决策层对固体废弃物和垃圾处置的重视程度上升到了前所未有的高度——国家战略,成为生态文明建设不可缺少的重要内容。

进入新世纪以来,中国政府通过制定《循环经济促进法》(2009)、多个五年规划纲要、《循环发展引领行动》(发改环资〔2017〕751号)和《关于推进资源循环利用基地建设的指导意见》(发改办环资〔2017〕1778号)等一系列关于资源循环利用的法律、战略规划、行动纲领或指导意见,旨在将经济发展模式转向循环经济模式,由单一地从大自然获取资源转向从废物中获取资源,形成动脉产业与静脉产业同步发展、共生共存的局面。发展静脉产业是解决资源短缺和环境污染两大问题的重大举措之一,对建立"两型"社会具有重要战略意义。静脉产业在成为我国新的经济增长点的同时还解决了中国现阶段大量进城务工人员的就业问题。据商务部统计数据,2017年全国再生资源回收业从业人员有1200万人之多,约占2017年中国13.9亿人口的0.86%。作为解决"垃圾围城"的有效途径,静脉产业具有很好的经济、环境和社会效益,必将成为21世纪最具潜力的产业之一。

(三)我国静脉产业园得到了较快发展

我国静脉产业园建设起步较晚,但是发展速度比较快。最早的静脉产业园是大城市生活垃圾综合处理基地,在静脉产业发展过程中,逐渐将废物回收、加工利用企业集中于生活垃圾综合处理基地周围,形成了静脉产业园雏形,并显示出其优势。2006年9月,青岛新天地静脉产业园得到国家环境保护总局批函同意建设,这是我国首家静脉产业类生态工业园区。自此,国内开始了建设静脉产业园区的热潮。目前我国已经初具规模的静脉产业园有:青岛新天地静脉产业园、辽宁静脉产业园、上海老港静脉产业园、扬州邗江静脉产业园、西安高新技术产业开发区静脉产业园、南京江北和江南静脉产业园、天津静海子牙静脉产业园、杭州天子岭静脉产业园、湖南湘潭静脉产业园、四川西南再生资源产业园区、广东清远华清循环经济园等。

这些静脉产业园内一般规划设置有生活垃圾焚烧厂、危险废物(含医疗垃圾)焚烧厂、城市污泥处理中心、餐厨垃圾处理厂、电子废弃物处理厂、废旧电器拆解厂、废旧轮胎和报废汽车拆解厂、废塑料再生厂等。我国静脉产业园区按功能可以划分为工业固废再生利用型、城市废物处置利用型、污染防治型、战略社会基础型4个类型,见表0-1。

表0-1 我国静脉产业园区的类型

静脉产业园区类型	典型案例	处理的代表性废弃物
工业固废再生利用型	城市群的工业生产基地、沿海地区出口加工区	工业固体废物
城市废物处置利用型	GDP快速增长城市(苏州、深圳等)、沿海城市、新兴产业快速成长城市	生活垃圾、废纸、废金属、废塑料、电子废弃物等
污染防治型	农村、煤炭矿区、石油开采冶炼区、皮草鞣制加工区	畜生粪便、秸秆、煤渣、重金属污泥、生活污水、石油开采及冶炼过程的废弃物
战略社会基础型	上海浦东新区、天津生态城、郑州航空港区、重庆两江新区	建筑废物、废热(热能利用)、废水(中水利用)

资料来源:依据公开资料整理而成,部分资料参考了商务部流通业发展司《中国再生资源回收行业发展报告》数据。

近些年,国家特别重视城市生活垃圾的处理。2016年10月出台了《关于进一步加强城市生活垃圾焚烧处理工作的意见》(以下简称《意见》),强调推进城市生活垃圾处理静脉产业园区建设,形成一体化项目群,统筹建筑垃圾、生活垃圾、餐厨垃圾等不同类型垃圾处理,改进焚烧、填埋、生物处理、渗滤液处理等工艺,实现各种垃圾在园区内有效处理,提高能源综合利用效率。其中,生活垃圾焚烧处理技术具有减量效果明显、余热可以利用、占地较省、装备日趋成熟、产业链条逐渐形成、骨干企业日益壮大、建设和运营管理模式逐步成熟等特点,成为我国生活垃圾处理的首推方式。《意见》提出到2020年底,全国设市城市垃圾焚烧处理能力占总处理能力50%以上,全部达到清洁焚烧标准。

据商务部发布的《中国再生资源回收行业发展报告(2018)》数据可以看出,截至2017年底,我国十大类别的再生资源回收总量为2.82亿吨,同比增长11%。其中,废电池、废玻璃、废旧纺织品回收量有较大增幅,同比分别提高46.7%、24.4%、29.6%,报废机动车(重量)和废塑料回收量略有降低,同比分别下降7.7%和9.9%(见表0-2)。从再生资源总价值看,2017年我国十大类别再生资源回收总值为7550.7亿元,同比增长28.7%。其中,废旧纺织品同比增长62.8%,增幅最高,废轮胎同比增长4.3%,增幅最小,见表0-3。图0-1列出了2011—2017年我国再生资源按类别回收利用总量和总值,可以看出,2011—2017年我国再生资源回收利用总量在逐年增长,但受价格因素影响,回收利用总价值总体也在增长,但局部年份有小幅波动。

表0-2　2016—2017年度我国再生资源按类别回收利用量

序号	再生资源类别	单位	2016年	2017年	同比增长(%)
	废钢铁	万吨	15130.0	17391.0	14.9
1	其中:大型钢铁企业	万吨	9010.0	14791.0	64.2
	其他行业	万吨	6120.0	2600.0	-57.5
2	废有色金属	万吨	937.0	1065.0	13.7
3	废塑料	万吨	1878.0	1693.0	-9.9
4	废纸	万吨	4963.0	5285.0	6.5

续表 0-2

序号	再生资源类别	单位	2016年	2017年	同比增长(%)
5	废轮胎	万吨	504.8	507.0	0.4
	其中:翻新	万吨	28.8	27.0	-6.3
	再利用	万吨	476.0	480.0	0.8
6	废弃电器电子产品				
	数量	万台	16055.0	16370.0	2.0
	重量	万吨	366.0	373.5	2.1
7	报废机动车				
	数量	万辆	179.8	174.1	-3.2
	重量	万吨	491.6	453.6	-7.7
8	废旧纺织品	万吨	270.0	350.0	29.6
9	废玻璃	万吨	860.0	1070.0	24.4
10	废电池(铅酸除外)	万吨	12.0	17.6	46.7
11	合计(重量)	万吨	25592.4	28205.7	10.99

资料来源:依据《中国再生资源回收行业发展报告》数据整理而成。

表 0-3 2016—2017 年度我国再生资源按类别回收利用价值

序号	再生资源类别	2016年(亿元)	2017年(亿元)	同比增长(%)
1	废钢铁	2042.6	3043.4	49.0
2	废有色金属	1829.0	2079.0	13.7
3	废塑料	957.8	1081.3	12.9
4	废纸	744.5	977.7	31.3
5	废轮胎	70.5	73.5	4.3
6	废弃电器电子产品	94.4	125.1	32.5
7	报废机动车	73.4	87.3	18.9
8	废旧纺织品	8.6	14.0	62.8
9	废玻璃	22.4	32.1	43.3
10	废电池(铅酸除外)	24.8	37.3	50.4
11	合计(价值)	5868	7550.7	28.5

资料来源:依据《中国再生资源回收行业发展报告》数据整理而成。

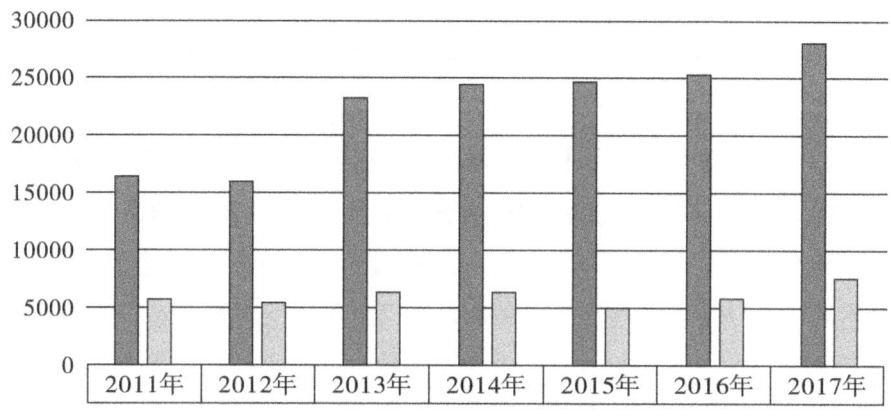

图 0-1 2011—2017 年我国主要再生资源按类别回收利用总量和总值

我国静脉产业园属于三类生态工业园区(综合类、行业类、静脉产业类)中的一类。从 2011 年至 2017 年,我国国家级生态示范园区数量平均每年增长 4 家,与此同时静脉产业园区数量和投资规模也在逐年递增,分别由 2011 年的 19 家和 32 亿元增长到 2017 年的 74 家和 400 亿元,7 年时间内分别增长了 2.89 倍和 11.5 倍,见图 0-2。

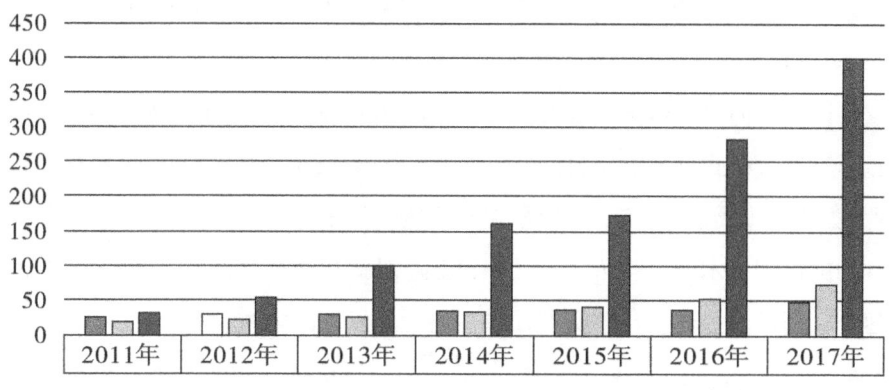

图 0-2 2011—2017 年我国国家级生态工业示范园区数量和静脉产业园数量及其投资规模
资料来源:商务部网站中的年度报告和统计数据。

我国静脉产业园在发展中出现以下三个特点：

(1)发展环境日趋优化。2017年我国静脉产业发展迎来了第二个机遇期，国家和部委层面相继出台了《生活垃圾分类制度实施方案》《循环发展引领行动》《禁止洋垃圾入境，推进固体废物进口管理制度改革实施方案》《电子废物、废轮胎、废塑料、废旧衣服、废家电拆解等再生利用行业清理整顿工作方案》等一系列再生资源回收相关政策，引导企业集聚发展，集中建设、集中营运污染治理设施，为回收企业和再利用企业规范发展创造了良好的制度环境。

(2)龙头静脉企业发展迅猛，园区化发展成为大趋势。国家逐步加大对再生资源龙头企业培育力度，加快行业整合力度，鼓励通过重组、兼并、联营等方式，提高产业集中度。国家鼓励再生资源加工利用企业集聚发展、园区化管理。国家对静脉产业发展的空前重视，吸引了众多重量级企业进入再生资源利用行业，天能、超威、骆驼、南都等上市公司跨界经营进入再生铅行业，江西铜业、云南铜业、驰宏锌锗等公司将产业链延伸到再生资源领域，垂直整合带来的成本优势日益凸显，行业集中度明显提高。自2017年开始，许多地方政府制订了静脉产业园建设三年行动计划。

(3)回收模式创新和再利用技术创新成为发展的强大动力。再生资源回收企业运用现代网络，建立回收交易服务平台，优化线下回收网点布局，整合物流运输资源，使供需双方能够快速获得匹配信息，推动再生资源交易由线下向线上线下结合转型升级，在"互联网+"助力下，"爱回收"等一批新型回收模式逐渐涌现，提升了回收效率，降低了回收成本。一些龙头企业(如格力电器、格林美、葛洲坝、启迪桑德等)纷纷转型升级，面向再生资源利用的高端技术研发投入加大，再生资源创新利用和深度加工业务发展迅速。创新已成为驱动再生资源回收利用行业发展的强大动力。

二、研究问题

当前我国静脉产业园虽然得到快速发展，但仍存在着制约静脉产业发展的问题。

(1)产业链上缺乏低值再生资源回收利用环节。一些企业对高值再生资源回收趋之若鹜,对低值再生资源回收不感兴趣。环境污染事件频发,产业难以上规模、上层次。再生资源的区域聚集量小、一些静脉产业园经常由于废物供应量不足而处于"饥饿"状态,这些因素导致再生资源产品生产成本高、产品缺乏价格竞争力。一些总量占比很高(约30%)的低值再生资源,如废木料、废玻璃、废复合包装物、废塑料膜等,由于交易利润低、再利用成本高,导致回收者和开发利用者积极性不高。

(2)创新链上低值再生资源利用技术开发有待加强。针对低值再生资源,再生利用技术开发和降低成本方面的管理研究比较薄弱,需要加强探索低值再生资源的最佳用途和低成本加工利用的工艺流程,为低值再生资源高值化利用寻找出路;另外,鉴于废塑料和废复合包装物价值难以提升的现实,应加大各类可快速降解塑料和新型复合包装材料的研发投入,提高快速降解材料生产技术的开发和升级速度,提高可降解材料的产量,从而降低废塑料和包装物的回收需求。

(3)资金链上缺乏对中小企业的支持。在静脉产业内,中小型企业数量居多,它们资产规模小,知名度低,缺少有价值的抵押物,信贷难、融资难成为众多中小企业发展的一大制约因素。利润薄,自我造血能力差,又缺少外部资金支持的中小企业很难在人才、技术等方面有所投入,导致这些企业创新能力差,产品技术含量低,竞争力弱,企业利润微薄,难以发展壮大。需要政府给予中小静脉企业一定的资金和政策扶持,培育这些企业健康成长。

(4)服务链上缺乏信息、培训、金融等服务功能。再生资源集散市场功能单一,仅局限于再生资源的收集、交易和分选,服务平台功能不够完善,缺乏信息、研发、培训、金融等服务功能,需要引起静脉产业园区规划部门的重视。

(5)产业链、创新链、服务链和资金链协同性差,这一问题是目前最突出的问题。首先体现在服务链与产业链不协同。当前我国资源再生利用方面的自有技术还比较落后,产业发展缺乏先进科学技术支撑手段,多数仪器设备需要花费高额资金从发达国家进口,在技术服务支持上易受制于人。虽然近些年国内科研机构不断有好的科研成果出现,但是由于信息服务或科技中介服务功能缺失,加上产业集约化程度低、废物原料区域聚集量小、生产成本高、产品价格缺乏竞争力等因素制约，导致这些科研成果不能在静脉产业市场上转化实施、规模化应用。另外，园区规划时缺少稳定原料来源保障机制的考虑。很多园区的静脉企业由于缺少稳定原料来源而遭受"饥荒"，园区物流管理和优化缺乏相应的后期服务。其次，静脉产业园产业链与资金链之间也存在不协同现象，集中体现在某些产业环节面临融资困境。静脉产业中的回收网络、资源再生和加工利用环节具有投资规模大、建设周期长、资金回笼慢等特点，致使有些社会资本不愿意投入这些环节。以回收网络为例，静脉产业园要正常运转，需要充足的废物供应，需要建立较多的回收网点，需要一大笔一次性建设资金和持续性维持资金投入，但回报率却比较低，致使一些大额社会资本不愿意参与其中。

2016年5月30日，习近平总书记在全国科技创新大会上指出："创新链、产业链、资金链、政策链相互交织，相互支撑，改革只在一个环节或几个环节搞是不够的，必须全面部署，并坚定不移推进。"这是习近平总书记针对系统创新发表的真知灼见。就循环经济系统来说，循环经济发展的主阵地是静脉产业园区和生态工业园区，资源循环利用的主体是产业链，并以产业链为中心形成由产业链、创新链、服务链和资金链共同构成的复杂创新系统。

静脉产业园产业链、创新链、服务链及资金链之间存在相互影响、相互制约关系，如果它们之间结构合理且具有协同性，循环经济就能又好又快发展。创新链为静脉产业园发展提供新技术、新模式和新动力。服务链为静脉产业园发展和创新活动提供"后勤"保障。资金链为静脉产业园发展提供资金保障，是静脉产业园的"血液"，为产业园发展输送"养分"。现有关于静脉产业园发展的研究，大多只着眼于静脉产业链的研究，也有文献关注了创新链和资金链对静脉产业发展的促进作用，但很少考虑服务链对静脉产业发展的影响，因此，静脉产业园产业链、创新链、资金链和服务链之间的协同性及其对产业园发展的研究是一个值得探讨的课题。基于此，本书将产业链、创新链、服务链和资金链同时纳入静脉产业园发展的整体框架中，探讨它们的结构及结构引起的行为，寻找静脉产业园四链协同规律与协同机制，研究它们对静脉产业园发展绩效的影响。

由于本书主要讨论静脉产业园产业链、创新链、服务链和资金链的协同问题,其中产业链的废物回收与物流运输功能,创新链、服务链和资金链的多数功能均处于静脉产业园区物理范围之外,依据研究问题的性质,本书所讨论的静脉产业园,既指物理上聚集在同一区域内的从事静脉产业活动的企业,又包括围绕静脉产业活动开展科研、技术、服务、资金支持的大学、科研院所、第三方服务企业或个人、政府、事业单位、银行等机构组成的虚拟园区。

三、研究意义

(一)理论意义

新世纪以来,我国各级各地政府非常重视发展循环经济,出台了一系列政策引导和鼓励静脉产业发展。为了集约利用土地、资源能源梯级利用,国家鼓励各地政府建设静脉产业园,引导静脉企业入园发展,通过财政补贴、税收减免等措施支持静脉企业发展,大力推行 BOT(Builol Operate Transfer)或 PPP(Public Private Partnership)模式鼓励各类资本投入静脉产业中,鼓励再生资源回收、加工利用企业进行资本再投入,形成了来源广泛的静脉产业资金链;鼓励高等院校、科研院所及静脉企业积极从事废旧物资再利用技术与管理创新研究,构建推动循环经济发展的创新链;大力发展静脉产业服务业,如废品回收服务、物流服务、技术服务、金融服务、专利注册推广服务、污染第三方治理服务等,编织了分布广泛的静脉产业服务链。产业链、创新链、服务链、资金链构成一个完整体系支持着静脉产业和静脉产业园发展。只有这个四元支持体系中各个链条处于协同状态时,静脉产业园才能又好又快地发展。这个四链支持体系是否协同,协同度如何评价,协同的动力机制是什么,只有在系统分析循环经济多链协同体系结构、动力机制、协同度基础上做出科学的回答。鉴于此,本书基于系统科学理论和技术经济理论工具和方法,从四个层面对上述问题展开深入探讨,具有一定理论价值。首先,本书基于系统科学理论,认为静脉产业园产业链是静脉产业的主体链,创新链、服务链、资金链是静脉产业发展的支持链,四个链构成了一个复合系统,在进一步讨论这些因素链内涵的基础上,构建静脉产业园多链协同支持结构,从理论上证明该体系结构是一种科学范式,为进一步研究静脉产业园四链协同提供理论基础。其次,在分析静脉产业园四链功能的基础上,对四链功能进行评价,进一步构建协同度评价指标体系和协同度测度模型,对静脉产业园四链协同度进行测度和评价。再次,构建静脉产业园四链协同系统动力学模型,分析静脉产业四链协同机制,丰富系统动力学方法在循环经济方面的研究内容。最后,从政策角度,分析与静脉产业四链相关政策中的产业发展措施、创新促进措施、服务支持措施和资金支持措施协同度及政策协同对产业发展绩效的影响,扩充了复杂系统的研究对象和领域。本书的研究为我国的循环经济理论研究提供一些补充,具有一定理论意义。

(二)现实意义

我国循环经济发展已经进入新的阶段,中央和地方政府比以往任何时候都重视,"十三五"规划纲要、《循环发展引领行动》(发改环资〔2017〕751号)、《关于推进资源循环利用基地建设的指导意见》(发改办环资〔2017〕1778号)、《关于"无废城市"建设试点工作方案的通知》(国办发〔2018〕128号)、《关于推进大宗固体废弃物综合利用产业集聚发展的通知》(发改办环资〔2019〕44号)、《废弃电器电子产品回收处理管理条例(2019修正)》等一系列政策均针对循环经济发展提出新的要求。2016年5月习近平总书记在全国科技创新大会上提出的创新链、产业链、资金链、政策链"四链融合"创新体系构想,强调了四条链具有相互交织、相互支撑、多元协同等特点。静脉产业要想又好又快发展,需要产业链、创新链、服务链、资金链四个链条处于协同状态。在此需求下,本书探讨静脉产业园产业链、创新链、服务链和资金链四链协同系统动力机制和协同度,是对习近平总书记"四链融合"系统创新构想在静脉产业领域的实践,对静脉产业园建设和发展提供了关于园区功能、能力、协同等方面的实践参考,为园区管理机构完善静脉产业园产业链、创新链、服务链和资金链等方面的功能,提升产业发展能力、创新能力、服务能力和资金筹集及流动能力及其协同度,优化静脉产业政策措施,提升政策措施协同度具有一定的现实指导意义。

第二节 研究内容与可能的创新

一、研究内容与结构安排

(一)研究内容

本书以"中国静脉产业园四链协同机制及其政策效果评价研究"为题,基于系统科学理论和技术经济理论工具和方法,围绕上述问题从五个方面展开研究工作。①梳理静脉产业相关学术文献所采用的理论、方法及其研究结论,寻找研究空白,提出研究问题。②分析四链内涵及其关系,提出静脉产业园四链协同范式,论证该范式的科学性,为进一步研究奠定理论基础。③构建功能评价模型和协同度评价模型,并对模型进行实证分析。④分析静脉产业园四链协同机制,构建四链协同动力学模型,通过数值仿真,论证产业政策对静脉产业绩效的影响,为寻找最优政策提供参考。⑤构建静脉产业政策协同效果评价指标和模型,分析静脉产业政策中四链支持措施的协同性,评价政策协同对产业绩效的影响。

(二)结构安排

基于上述研究内容,本书的研究分六部分展开,结构安排如下。

导论。阐述选择静脉产业园四链协同研究的问题背景,对我国静脉产业发展现状进行总结,提出研究问题,阐述研究意义,明确研究内容和结构安排,确定研究的技术路线和研究方法。

第一章,理论基础与文献回顾。理论基础部分对与静脉产业园发展及四链协同相关的理论及研究现状进行阐述,为本书的后续研究奠定理论基础,包括四个方面:一是与静脉产业园发展相关的可持续发展理论和循环经济理论。二是与协同发展相关的复杂系统理论,包括"结构—行为"理论、协同理论及协同度评价方法、系统动力学方法及其应用现状。三是政策评价理论及应用。四是对本书中评价指标权重确定方法予以介绍。文献回顾部分对静脉产业及其园区化发展的国外、国内研究现状进行回顾,对已有研究作以简单述评。

第二章,静脉产业园四链功能及协同度评价方法。本章主要包括两方面的内容:一是对静脉产业园四链功能进行解析,在此基础上构建四链功能评价模型,并以天津子牙、西安高新和朔州静脉三个静脉产业园的四链功能进行实证分析。二是构建静脉产业园四链协同度评价指标体系和评价模型,对天津子牙经济技术开发区和西安高新技术开发区中的静脉产业园四链协同度进行演进分析。

第三章,静脉产业园四链协同系统动力学分析。本章主要包括四链协同系统动力学模型构建和实证分析两个部分。模型构建部分在四链协同动力机制分析基础上分析系统的反馈回路,对产业链、创新链、服务链和资金链四个子系统逐个深入分析,确定系统参数,构建流率基本入树模型,导出系统数据流图。实证部分对模型从结构、行为、历史三个方面进行检验,在模型通过检验后,假设多种情景进行仿真分析。

第四章,静脉产业园四链政策协同效果评价。本章在回顾政策协同评价基础上,设计静脉产业园四链协同政策评价指标体系,构建政策协同评价模型,设计政策量化方法和量化标准,在此基础上,以我国2006—2016年静脉产业政策措施协同对产业绩效影响为评价对象进行实证分析。

第五章,结论、政策建议与展望。根据各章分析过程及结果,对全书的研究进行总结,并从产业链、创新链、服务链和资金链及其整体协同性给出政策建议。最后指出研究的不足及进一步研究的方向。

二、本书的创新点

本书可能有以下四个方面的创新。

(1)研究视角的创新。在研究视角上从单一的静脉产业园产业链研究扩展到四链协同支持研究。静脉产业园是一个复杂的系统,不仅仅要研究产业链自身,还涉及技术与管理创新、配套服务完善、政策资金支持等方面,然而已有研究主要聚焦于静脉产业链单个方面,很少涉及技术与管理创新、服务支持的研究,将产业链、创新链、服务链和资金链放在一个框架中讨论协同关系的研究更不多见,本书在这个方面做了尝试和探索。

(2)提出了静脉产业园产业链、创新链、服务链和资金链四链协同范式,并从逻辑上加以证明,是协同理论在产业发展中的尝试性应用,也是对库恩科学研究范式在经济管理领域的拓展。

(3)系统动力学方法在应用领域方面的尝试性探索。系统动力学是探索复杂系统变量间因果关系,揭示事物发展变化的内因,探索如何认识和解决系统问题的科学,被广泛应用于公司战略规划与执行、物流与供应链管理、产业经济、区域经济、可持续发展等研究领域。但是在静脉产业园这个领域内尚未有学者采用系统动力学方法进行研究,本书应用系统动力学方法构建静脉产业园四链协同系统动力学模型,探索四链变化对产业绩效的影响,是系统动力学方法在静脉产业领域中的尝试性应用。

(4)提出政策措施变化增量评价方法。已有研究对政策措施量化时,均采用了零基评价方法。但是,政策具有连续性和递进性,无论是出台新政策还是调整已有政策,政策制定者的出发点都是对既有政策的优化调整,因此,在对某项政策措施量化评价时,应该在比较既有政策基础上,对政策措施变化程度作出增量评价,而不是零基评价。本研究采用增量评价方法,是一种尝试。

第三节　研究方法与技术路线

一、研究方法

本书采用了以下三种研究方法。

(一)文献查阅与实地调研相结合的方法

通过大量阅读静脉产业、循环经济、资源循环利用、废物再生利用主题方面的文献,掌握国内外静脉产业发展研究现状,感知当前关于循环经济研究的热点问题,确定本书要解决的学术问题。然后深入河南、江苏、天津、山西等省市的生态产业园区走访调研,为写作本书获取到详实的一手资料。

(二)规范分析与实证分析相结合的方法

静脉产业园四链协同科学范式假说提出及证明、静脉产业园四链功能和协同度评价均采用了规范分析方法。基于复杂系统理论,构建四链协同动力学模型进行模拟、构建静脉产业政策计量模型进行实证研究均属于实证分析方法。两种方法结合使用,相互补充,相得益彰。

(三)技术经济理论工具与管理科学理论工具相结合的方法

废物利用是典型的技术经济问题,需要运用技术经济学中评价理论予以研究。但是,废物利用是循环经济和环境治理的重要组成部分,是一个系统性问题,超越了技术经济理论的范畴,需要结合管理科学理论工具进行更加深入地分析。

二、技术路线

本书开展研究的技术路线为"背景、意义—理论基础—四链协同功能及协同度评价—结构行为分析—政策措施协同效果评价—政策建议"路线进行分析,如图0-3所示。

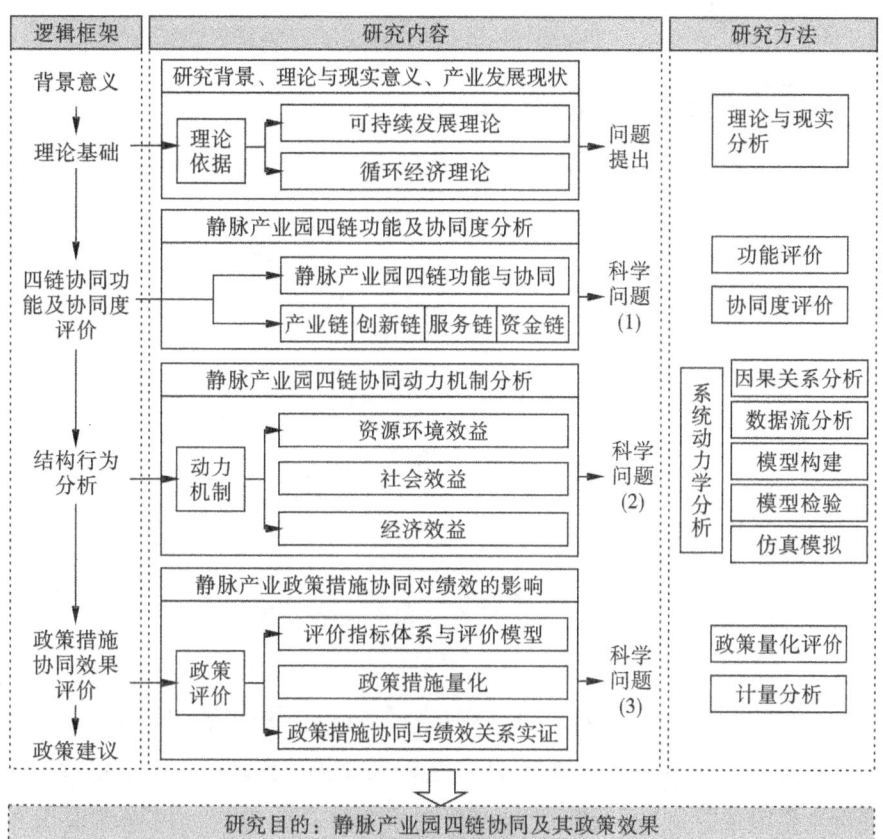

图0-3 技术路线图

第一章
理论基础与文献回顾

第一节 理论基础

静脉产业园产业链、创新链、服务链和资金链一起构成了一个庞大的复杂系统。梳理文献发现,静脉产业园发展的理论主要涉及可持续发展理论、循环经济理论及我国两型社会建设理论,与复杂系统研究相关的理论主要涉及协同理论、系统动力学理论,另外还涉及政策评价理论。本节将对上述理论及应用情况进行综述,以便更深刻地理解这些理论的内涵和应用方法,更好地开展本书的研究工作。

一、可持续发展理论和循环经济理论

(一)可持续发展理论

Brown(1982)在其《建设一个可持续发展的社会》一书中首次提出了"控制人口增长,保护基础资源,开发再生资源能源,以实现可持续发展"[1]的理念。1987年世界环境与发展委员会(WCED)将可持续发展定义为"能满足当代人的需要,又不对后代人的需要构成危害的发展",为可持续发展理论研究奠定了基础。1992年6月,联合国在里约热内卢环境与发展大会上通过了与可持续发展相关的核心宣言(如《21世纪议程》等),可持续发展理念

---

[1] BROWN L R. Building a sustainable society[J]. Society,1982,19(2):75-85.

逐渐成为世界各国共同遵守的基本行为准则。我国政府 1994 年编制了《中国 21 世纪人口、资源、环境与发展白皮书》，首次把可持续发展作为我国经济和社会发展长远战略。之后，1996 年将"保护环境、实施可持续发展战略"定为国家发展战略，它包括两层含义：一方面确保人类赖以生存的自然环境（如大气、土壤和水等）不被进一步污染，通过大自然的自我修复能力逐渐得以修复；另一方面确保大自然赋予人类的各种可再生资源（如森林、土地等）和不可再生资源（如各种矿产资源）不被过度开发，已开发的资源充分利用、循环利用。可持续发展是建立在经济、社会、人口、资源、环境相协调基础上的发展，保护环境、节约利用资源是经济和社会可持续发展的前提。2003 年 10 月，中共十六届三中全会提出"以人为本，全面、协调、可持续"的科学发展观，核心思想是统筹规划、系统谋划资源利用和环境保护之间的关系，增强可持续发展能力。我国"十二五"发展规划强调，必须加快构建资源节约、环境友好的生产方式和消费方式。

（二）循环经济理论

Geissdoerfer 等人（2017）认为："循环经济是把绿色制造、清洁生产和废物综合利用融为一体的经济运行模式，本质上是一种生态经济，要求运用生态学规律指导人类社会的经济活动。"我国《循环经济促进法》把循环经济定义为："在生产、流通和消费等过程中进行的减量化、再利用、资源化活动的总称。"[1] 按照这一定义，减量化是指在生产、流通和消费过程中减少资源消耗和废物产生，减少对环境的危害。再利用是指将废物直接作为产品或者经修复、翻新、再制造后继续作为产品使用，或者将废物的全部或者部分作为其他产品的部件予以使用。资源化是指将废物直接作为原料加以利用，或者对废物进行再生利用。发展循环经济应当统筹规划，在经济可行、技术可行和有利于节约资源、保护环境的前提下，按照"减量化优先"的原则进行。循环经济发展规划应当规定资源产出率、废物再利用率和资源化率等硬性指标。国家鼓励生态产业园区内企业之间废物交换利用，能量梯级利用，土地集约利用，共享基础设施，在分类基础上循环利用各类资源。

---

[1] 人民出版社.中华人民共和国循环经济促进法[M].北京:人民出版社,2008.

2017年党的十九大报告进一步强调"推进资源全面节约和循环利用",循环经济成为我国经济、社会可持续发展战略的重要议题和实践路径。

习近平总书记(2005)曾经指出,要大力发展循环经济,建设资源节约型、环境友好型社会。以废弃资源再生利用为主要目的的静脉产业是循环经济的重要组成部分,它与动脉产业共同构成了两型社会建设的基本构架,如图1-1所示。循环经济"减量化"原则中的减少资源消耗和废物产生的要求,主要靠动脉产业活动实现,而减少对环境危害的要求,则主要靠静脉产业最大限度地对废物加以利用和无害化处置活动实现。

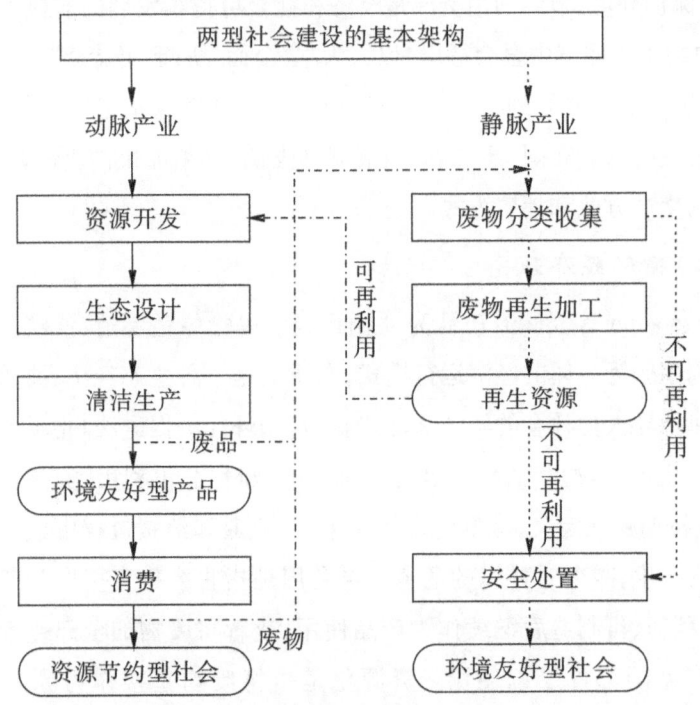

图 1-1 静脉产业与动脉产业的关系

资料来源:本书设计,局部地方参考了观研天下的资料。

动脉产业是一个"资源—产品—废物"线性过程,以发展经济满足人类不断增长的物质需求为目的的,是资源消耗的起点和环境可能遭受破坏的源头。在动脉产业中贯彻循环经济理念,重在增强资源节约意识,通过先进技术提高资源利用效率,达到在生产、流通和消费等过程中减少资源消耗和废物产生的目的。静脉产业则是一个"废物—资源—产品"线性过程,以减少废物排放、利用废物、保护环境为目的,是进一步充分利用资源和降低环境污染的绿色产业。"静脉产业(venous industry)"一词最早由日本学者后藤典弘等人于2001年提出,是借用人体中静脉的功能形象地比喻能够将废弃物进行收集、加工成再生资源的产业领域,如同人体静脉将含有二氧化碳的血液输送回心脏一样。循环经济中动脉产业与静脉产业活动环节如图1-2所示。在静脉产业中贯彻循环经济理念,重在加强创新能力,通过先进技术,将生产、流通和消费过程中产生的各类废物转化为资源和产品,为废物寻找合适的再利用途径或方式,减少废物排放。

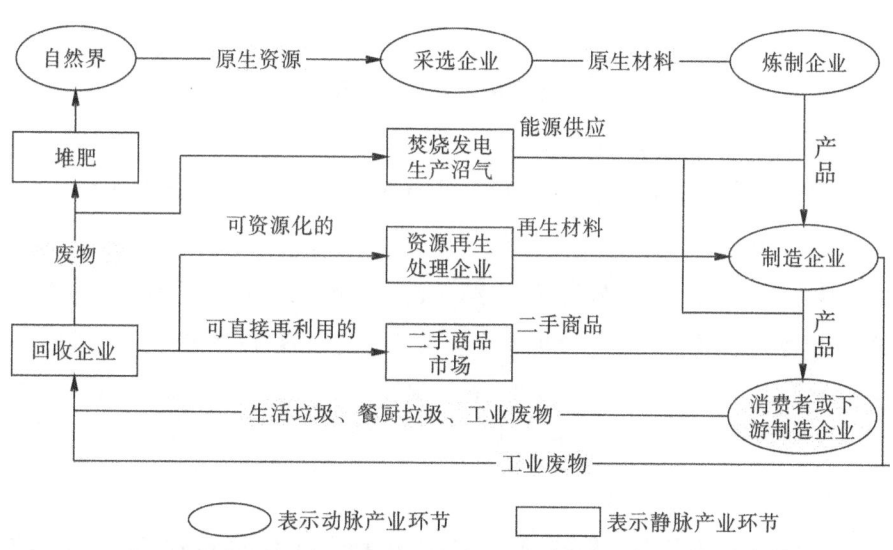

图1-2 循环经济中动脉产业与静脉产业核心产业活动环节示意图

因此,静脉产业是循环经济"减量化"原则的递进和强化过程,是"再利用""资源化"原则实施的主战场。动脉产业和静脉产业在贯彻循环经济3R原则方面的侧重点不同,但他们目的相同,即充分利用资源、节约利用资源、减少废物排放、保护环境,二者分别是两型社会基本架构的重要组成部分。

二、复杂系统相关理论

(一) 系统论和"结构—行为"理论

1. 系统论

系统论由美籍奥地利生物学家 L. V. 贝塔朗菲（L. Von. Bertalanffy）1932年提出，经过30多年发展，到1968年《一般系统理论基础、发展和应用》著作出版后才最终得以确立。系统论的核心思想是整体观念，他强调，应当把研究对象看作由多个要素构成的不可分割的有机整体，研究各组成要素的结构和功能，研究系统、要素、环境三者相互关系和变动规律，在此基础上调整系统结构，协调各要素关系，使系统达到优化的目标。L. V. 贝塔朗菲的系统论取代笛卡尔的单项因果决定论，为现代规模巨大、关系复杂、参数众多的复杂问题研究提供了系统的思维方式。

系统论研究目前显现出几个值得注意的趋势。第一，系统论与控制论、信息论之间逐渐融合；第二，系统论与运筹学、系统工程、电子计算机和现代通讯技术等学科之间渗透与融合；第三，耗散结构论、模糊系统理论、突变论、协同学等新科学理论的出现丰富着系统论的内容，以系统学为基础的系统科学理论正在发展和完善；第四，系统科学的哲学和方法论问题日益引起人们重视。

2. "结构—行为"理论

"结构—行为"理论是安东尼·吉登斯（Anthony Giddens）探究主体与结构、宏观与微观、社会与个人、整体与局部之间关系的理论。吉登斯认为，结构是嵌入在社会再生产过程中规则和资源的组合方式，是行为的前提，同时对行为有制约作用，行为既维持着结构，又改变着结构。在社会经济发展过程中，一个经济体的发展依赖于行动者的创造和再创造行为，并遵循这样一个规律：行动者在实践和反思中获得和提升认知能力，不仅为其行为找理由和动机，而且还对行为及行为条件特性进行反思；行动者的认知能力又是有限的，其行为总会遇到未知的条件限制，导致一些非预期的行为后果。这种规律在一定区域和地点被反复验证，就构成了一种实践范式，即由结构中被反复使用的各种规则和资源所构成的模式。由规则和资源构成的"结构"是经济组织脱离时空的虚拟秩序,它体现在无数经济实践活动之中(樊红敏,2013;吉登斯安东尼等,2016)。系统论和"结构—行为"理论为静脉产业园四链协同动力学模型构建提供了坚实的理论基础和思想方法。

(二)协同理论及协同度评价方法

1.协同理论

协同学研究复杂系统在内外因素作用下,以自组织方式形成有序结构的条件、特点及其演化规律。协同理论创始人哈肯(1989)认为,客观世界存在着各种各样的系统,虽然属性千差万别,但它们却存在相似性,甚至有共同特征,当它们处在同一环境构成一个复杂系统时,彼此之间会相互影响(如相互协作、相互干扰或相互制约),比如企业之间相互竞争与合作,不同单位、部门之间相互协作等,它们在相互作用过程中从旧结构变为新结构,在无序和有序之间不断变化。如果子系统之间互相配合产生协同效应,系统便处于有序的自组织状态,哈肯把系统的有序性称为"协同",并认为系统的有序状态由一组随时间变化而变化的参量支配,参量的变化有快有慢,变化快的参量称为快参量,变化慢的参量称为慢参量,系统状态主要由慢参量决定,并把慢参量称为序参量。也就是说,系统演化最终结构和有序程度取决于序参量。协同理论是研究不同事物在相互作用过程中达到协同状态的规律及其协同机理的新兴学科。

任何复杂系统在外来能量作用下达到某种临界值时,序参量的值达到最大,子系统之间就会产生协同作用,此时整个系统就出现了一种宏观上的有序结构(哈肯,1984)。实际上这种有序结构是序参量之间协同作用的结果,这种协同作用使系统在临界点发生质变,产生协同效应,使系统从无序变为有序,在混沌中产生某种稳定结构。不同系统中序参量物理意义各异,激光系统中光场强度是序参量,化学反应中浓度或粒子数为参序量,经济系统中产业链成长速度、创新链的创新能力、资金链的融资及资金流动能力、服务链的服务能力都可能是序参量。

2.协同度评价方法

Porter(1983)认为企业战略和产业组织学科两者至少能够产生协同效应。Tushman和O'Reilly(1997)给出了组织基本要素协同度评价工具。陶长琪等(2007)以 IT 企业绩效和企业融合作为衡量企业协同发展程度的评价指标,建立协同度评价模型,通过实证分析揭示了企业融合与企业绩效之间存在逐年递增的协同关系。毕克新和孙德花(2010)构建协同度模型对制造企业产品创新和工艺创新的协同度进行度量。王宏起和徐玉莲(2012)构建协同度模型研究科技创新与科技金融的协同度。刘志迎和谭敏(2012)、洪进等(2013)研究了中国技术转移系统的协同度。贾军等(2013)以航空航天器制造业为例构建协同度模型实证分析了中国高技术产业中技术创新绩效子系统、产品创新资源子系统、工艺创新资源子系统的协同度。王海龙等(2014)从协同理论视角建立产业创新与产业模块化协同度模型,对我国信息产业的实证结果表明,我国信息产业创新与产业模块化子系统之间的协调程度不高,但有序度基本呈逐年增长趋势。吴笑等(2015)认为协同创新系统的协同度是衡量组织之间战略、文化、环境等创新要素在协同创新过程中协同一致的程度,并构建协同创新指标体系和测度模型对成都市产学研协同创新复合系统的协同度进行测度。罗政和李玉纳(2016)运用 Vensim PLE 软件构建企业价值链与知识创新协同系统动力学模型,借助该模型识别二者之间协同的影响因素,给出协同知识创新优化方案。武淑萍和于宝琴(2016)构建快递物流系统与电子商务系统协同发展模型,并进行测度,研究结果表明后者的有序度高于前者,并且总体上呈逐年提高态势,但二者的协同度增长较慢。

王晓亚(2017)构建模型对中国 29 个地区知识密集型制造业和知识密集型服务业的协同度进行测度。郑季良和张亚(2017)构建复合系统评价指标和协同度评价模型,对我国高能耗产业经济子系统和环境子系统协同演进情况进行分析。郭本海等(2018)构建产业政策协同度模型测度我国光伏产业政策措施协同对产业绩效的影响。安小米等(2018)从城市数字化对城市发展赋能升值视角研究我国智慧城市可持续发展的数据资源协同创新路径。周灏和孙薇(2019)以 7 个国家为样本,研究反倾销与技术进步之间的协同演化关系,发现反倾销对技术进步有促进作用,技术进步对反倾销有激发作用。刘兵等(2019)构建 Lotka-Volterra 模型分析创新生态系统与人才配置协同演化路径,发现二者在协同演化过程中发挥正负交叠作用并推动系统结构和功能升级。王益民等（2019）以 Sanmina 公司为例研究企业动态能力在全球价值链升级与重构过程中协同演化的内在机制与过程。纪慧生和姚树香（2019）采用多案例研究方法，研究发现制造业中技术创新和商业模式创新的协同演化呈现"创新—调整—适应"螺旋化发展过程。

上述关于协同度评价的研究，多数与协同创新评价有关，可以从国家、产业和企业三个层面进行归纳。国家层面涉及技术转移、技术进步、科技创新、科技金融、人才配置等方面的协同。产业层面涉及产业内产品、工艺、绩效三个子系统之间的协同，产业创新及产业融合，产学研协同，产业政策协同等。企业层面主要是战略与环境、组织内部要素、企业动态能力、产品与工艺创新等方面的协同，见表1-1。已有研究多是两个子系统构成的复合系统协同度的评价，三个子系统协同度评价的研究较少，四个子系统之间协同度的评价研究目前还不曾见到。

表1-1 关于协同度评价的研究

研究层面	典型研究	评价对象
国家层面	王宏起和徐玉莲（2012）；刘志迎和谭敏（2012）；洪进等（2013）；周灏和孙薇（2019）；刘兵等（2019）	科技创新与科技金融协同；中国技术转移系统协同；反倾销与技术进步之间的协同；创新生态系统与人才配置协同
产业或区域层面	贾军等（2013）；王海龙等（2014）；吴笑等（2015）；武淑萍和于宝琴（2016）；郑季良和张亚（2017）；王晓亚（2017）；郭本海等（2018）；安小米等（2018）；纪慧生和姚树香（2019）	高技术产业中技术创新绩效子系统、产品创新资源子系统、工艺创新资源子系统的协同；产业创新与产业模块化协同；产学研协同创新复合系统协同；快递物流系统与电子商务系统协同；高能耗产业经济子系统和环境子系统协同；制造业技术创新和商业模式创新协同；光伏产业政策措施协同；知识密集型制造业和知识密集型服务业协同；智慧城市可持续发展的数据资源协同

续表 1-1

研究层面	典型研究	评价对象
企业层面	Porter(1983);Tushman 和 O'Reilly(1997);陶长琪等(2007);毕克新和孙德龙(2010);罗政和李玉纳(2016);王益民等(2019)	企业战略和产业组织学科协同;组织基本要素协同;企业融合与企业绩效协同;制造企业产品创新和工艺创新协同;企业价值链与知识创新协同;企业动态能力协同演化内在机制与过程

(三)系统动力学方法

1. 系统动力学理论

系统动力学是管理科学与系统科学交叉融合的一门学科,是分析研究信息反馈系统,探索如何认识和解决系统问题的科学。它将系统理论与计算机仿真紧密结合起来,采用定性与定量相结合以及综合推理方法研究复杂系统的结构与行为,揭示事物发展变化的内因,分析政策的有效性和副作用。系统动力学创始人福瑞斯特(Forrester,2007)认为,系统的行为模式与特性主要取决于系统的内部结构。系统动力学建模过程是一个学习、调查、研究的过程。模型的主要功能在于向人们提供一个学习和政策分析工具。

2. 系统动力学的发展

系统动力学发展经历了三个阶段。

第一阶段:20 世纪 50~60 年代系统动力学诞生。从 1956 年开始,系统动力学创始人福瑞斯特(Forrester)教授针对工业企业管理中季节性生产、库存波动、雇员流动情况和股价与市场增长不稳定性等问题进行了深入思考,经过几年的努力探索,逐渐形成了工业动力学思想,并出版了其经典论著《工业动力学》(Forrester,1970)。1968 年福瑞斯特出版《系统原理》一书,阐述了系统结构及结构变化引起行为变化的内在机理,提出了具有普遍适用性的系统分析、决策和预测方法。1971 年,福瑞斯特出版《城市动力学》,从宏观层面研究城市兴衰问题。之后,Mass(1974)和 Schroeder(1975)分别出版了《对〈城市动力学〉阐释》第一卷和第二卷,对福瑞斯特的城市动力学模型进行更加深入的研究和扩充。Alfeld 和 Graham(1976)在前三个学者基础上,以城市模型为例总结了建模方法,出版了《城市动力学导论》。至此,工业动力学建模方法被应用于多个领域,远远超越了工业动力学的范畴,后来就改名为"系统动力学"。

第二阶段:20 世纪 70~80 年代系统动力学发展成熟。系统动力学世界模型与美国国家模型是这一阶段的标志性成果(王其藩,1995;钟永光等,2017)。20 世纪 70 年代初,面临人口增长与资源日益枯竭的世界性发展困境,在罗马俱乐部的财政支持下,以梅多斯(Dennis Meadows)教授为首成立系统动力学国际研究小组,承担世界模型的研究任务。福瑞斯特和梅多斯构建 WORLD Ⅱ 和 WORLD Ⅲ 模型,并以这两个模型出版了《增长的极限》(Meadows,D H,1974)、《世界动力学》(Forrester 和 Warfield,1971)和《趋向全球的平衡》(Meadows et al.,1974)三部杰作。其中《增长的极限》从全球性因素,包括人口、粮食生产、工业污染、资源消耗等因素出发,构建全球分析模型,揭示关系全球人类生死存亡的紧迫性问题:按照目前人口增长、粮食生产、工业化、环境污染和资源消耗趋势继续下去,人口和工业生产力都可能面临衰退而难以为继。与此同时,福瑞斯特在企业和政府财政资助下,领导麻省理工学院系统动力学研究小组,耗资 600 万美元,历时 11 年构建了美国国家系统动力学模型。该模型方程数达 4000 个,从整体上研究美国的社会经济问题,揭示了美国与西方国家经常出现的经济长波内在机制,解释了西方国家为什么长期存在诸如通货膨胀、失业率与实际利率同时增长等经济问题的原因。

第三阶段:20 世纪 90 年代之后系统动力学广泛应用。系统动力学与系统论、控制论等学科相结合,吸收了结构化分析、稳定性分析、敏感性分析、最优化分析等分析方法的优点,从用于解决工业企业管理中生产与雇员变动、材料和产品库存等微观问题,扩展到用于研究产业经济、区域经济等中观问题,再扩展到研究人、自然资源、经济、生态环境、社会、国家等具有相互关系的宏观问题,其应用几乎遍及全球范围内的企业管理、物流、人口、资源、能源、环境、生态、城市、交通、军事等领域。美国许多业绩表现极佳的企业、咨询公司和政府普遍应用系统动力学解决危机事件(钟永光等,2017)。

系统动力学作为研究复杂系统的有效方法得到了广泛应用。

3.系统动力学方法的应用

(1)在微观层面的应用。在微观层面,系统动力学主要应用于公司战略规划与执行、项目管理、学习型组织建设、物流与供应链管理等方面。在公司战略规划与执行领域,主要成果有《公司战略计划与政策设计:系统动力学的视角》(Lyneis,1980)、《竞争战略动力学》(Gill,2003)、《企业战略动态学(Morecroft,2007)、《战略管理动力学》(Warren,2008)。在项目管理领域,以软件项目管理为例,系统动力学方法将软件项目视为一个整体,自上而下对项目进展、时间估计、风险控制、返工、任务间非线性关系进行描述,有助于项目经理宏观把握项目进度、成本和风险,帮助管理者透彻理解项目过程对项目绩效的影响。这方面的典型成果是《软件项目动力学:一种综合方法》(Abdel-Hamid and Madnick,1991)。在学习型组织建设领域,圣吉(P. M. Senge,1990)博士运用系统动力学方法,从整体的、系统的角度对学习型组织的特点和构建方法进行了全面论述,出版了《第五项修炼——学习型组织的艺术和实务》。圣吉认为,学习型组织的五项修炼是系统思考、共同前景、共同脑力模型、团队学习、个人进取,其中系统思考是灵魂。五项修炼融会贯通,是建立学习型组织的基本方法。在物流与供应链领域,利用系统动力学中物质流和信息流的概念描述供应链问题,通过模型的动态模拟分析与诊断、优化与决策活动,提高物流与信息流的协调性,从而提高供应链的效率。其实,早在20世纪60年代时,Forrester就已经运用系统动力学方法对生产、库存与销售波动问题进行深入研究,发现了牛鞭效应,被认为是供应链管理研究的经典。1989年Sterman基于系统动力学方法,对啤酒分销反馈回路、非线性、时间延迟、管理行为绩效等展开研究(Sterman,1989)。此后,更多的机构运用系统动力学方法开展供应链管理研究。

(2)在中观层面的应用。在中观层面,系统动力学用于产业经济研究、技术创新研究、城市发展研究、政策研究等领域。系统动力学在产业经济研究方面的应用主要是分析经济系统各影响因素之间的作用机制和信息反馈回路,调整要素流量形成物质和能量积累并产生压力效应,从而对产业发展进行仿真预测和优化控制。较有代表性的研究有,贾建国和王其藩(1998)

基于新古典增长理论,将经济系统简化为新兴产业和传统产业两个部分,从消费需求、消费和投资决策、生产、物价和工资、劳动力流动五方面建立系统动力学模型,分析和预测传统产业与新兴产业的相互作用、劳动力和资本的流动与分布、产业结构的变化、产业经济增长路径等。赵玉林和李文超(2009)从技术创新、企业竞争、市场需求和政府行为等方面构建系统动力学模型,对高技术产业发展情况从动力机制、政府主导等角度进行模拟。李乃文和刘会贞(2012)从社会文化环境、教育环境、产业经济环境三方面构建不同产业发展阶段人才集聚系统动力学模型,分析产业发展中人才的外生作用,找出产业发展不同阶段人才集聚的决定因素。连莲(2017)在对产业经济增长动力分析基础上,从技术、资本、劳动力、能源、环境五方面构建系统动力学模型,研究各因素间的相互作用关系以及各子系统变化对产业经济增加值的影响。

在区域经济和技术创新方面,赵士玉等(2012)构建了区域经济环境、技术创新、工业经济协调发展的系统动力学仿真模型。徐升华和吴丹(2016)构建"产业—经济—资源"反馈系统研究鄱阳湖生态经济区资源水平、科技转化能力、政府投资、教育水平等因素对区域可持续发展的影响作用。结果显示,废品废料、综合技术服务业、研究与试验发展业、公共设施管理业等行业对区域经济增长影响作用越来越大。在政策研究方面,主要体现在政策设计研究上,如 R. F. Nai(1992)对国家能源政策计划研究。马军杰和杨立媛(2017)构建关于科技政策影响作用系统动力学模型,对上海科技政策作用效果进行评价。另外,学者们对农林牧渔业方面的资源配置(朱晓莉和周宏,2008)、农技传播(邱洪臣和朱瑞祥,2014;高启杰等,2015)、机械化对现代农业发展的影响(李纪岳等,2013)、农业保险(吕晓英等,2014)、农业产业链的延伸(曹文彬和郭垚,2014)等问题的研究也采用了系统动力学方法。

(3)在宏观层面的应用。系统动力学在宏观层面的应用主要是关于国家可持续发展的研究。在经济增长过程中,常会消耗大量能源和资源,造成环境污染,引起学者们对能源、资源和环境的广泛关注。黄振中等(1997),丁凡等(1998),吴叶君和王艳(1998),王艳等(1998)提出了我国可持续发展动力学模型,该模型包含经济、社会、环境、资源和产业五个方面 11

个模块,为我国可持续发展研究奠定了基础。近年来,关于经济、社会、环境、资源、宏观政策等方面的系统动力学研究不断深入。王志刚(2011)从经济、能源、环境三方面分别构建国家层面经济发展动态仿真模型。李文超等(2014)构建人口、能源、资本、污染可持续发展模型,提出技术创新促进我国实现可持续发展。佟贺丰等(2015)将经济、社会、环境三个系统整合到一个可持续发展动力学模型中,并从绿色经济视角选择农业、水泥产业、城市交通等7个行业进行模拟,分析绿色经济对中国经济、社会、环境的潜在影响。

通过对以上三个层面系统动力学应用的认识,可以看出,对于复杂的系统,系统动力学具有很强的适应性。无论对组织层面问题的研究,还是产业经济或区域经济增长的研究,抑或是对国家层面可持续发展的研究,除了边界不同之外,系统动力学方法相同,具有普遍适用性。基于此,本书将系统动力学作为研究工具之一,通过构建产业、创新、服务和资金复合系统模型,研究静脉产业园产业链、创新链、服务链和资金链之间的相互影响关系及其对产业绩效的影响。

三、政策评价理论及应用

(一)政策评价理论

政策评价是指依据事先确定的标准对政策执行效果进行测量,从而衡量政策是否达到预期效果、效益,是否有一定的效力。政策评价一般要对以下几个问题作出回答:政策实际受益人是否与政策制定时的目标受益人一致? 政策受益人的受益程度如何? 如果没有这一政策是否会产生同样的结果? 政策效力如何? 是否有替代政策? 等等。可见,政策评价的主要内容是对政策执行后的政策效果、政策效益和政策效力进行评价。其中,政策效果评价是对政策执行结果是否达到预期目标及程度做出的分析,政策效益评价是对政策投入与政策结果之间关系所做的评价,政策效力评价是对政策执行后对社会系统所发挥的作用、产生的影响做出的评价,包括正效应和负效应、直接效应和间接效应、短期效应和长期效应分析等。在政策评价之前要根据评价目标确定评价指标,构建最能反映政策执行效果的评价指标体系。

近年来,政策协同引起学者们的广泛关注。政策协同是同一组织围绕同一任务制定规则一致的不同政策,或两个以上组织制定新规则或利用现行规则应对相似任务的一个过程(Mulford 和 Rogers,1982)。可见,政策协同强调应对相似任务的规则一致性。政策协同能够提高政策实施效率,并有助于实现帕累托最优(Hoel,1997)。政策协同概念比较广泛,内涵也比较丰富,包括政策主体协同、政策过程协同、政策内容协同等。政府与公益组织或行业自治组织等非政府组织之间的协同(Vakili,2012)属于政策主体协同,政策制定、执行与政策评估协同(Hughes,2006)属于政策过程协同。

(二)政策评价方法

政策评价方法一般有两种:一是传统的定性评价方法,二是量化评价方法。定性评价方法一般是分析一项政策与已有类似政策的差别,找到政策变化点并分析变化原因,或针对一组相关政策,研究它们的变化脉络及未来变化方向。这种政策评价方法常用于帮助人们认识政策的变化趋势,或帮助经济主体识别商业机会或威胁,指导他们调整经济活动策略。这种评价一般由从事该领域或熟悉该领域的专家完成,是一种由权威做出政策评价的方法,常称为专家评议法,缺点是专家评议结果难以从数量上进行统计分析。因此不少学者改用量化评价方法进行政策研究。

常用的量化评价方法是实验分析法(或称为统计分析法)。一项政策在全面实施之前,先选择在局部地区做试点,试行前确定一些关键指标,并记录好实施前和实施后这些指标的表现值,然后将实施前和实施后数据做对比,分析政策实施的效果,找出政策的不足,进一步调整政策,直到满意后在更大范围内推行这项政策(匡跃辉,2005)。但这种方法只适用于对即将试行的政策进行研究,对于已经颁布和实施的政策进行评价时,由于缺乏实施前的状态数据,无法进行对比分析,这种方法不适用。这种方法的第二个缺陷是,政策实施结果未必全是与政策实施有关,可能还与一些政策之外的因素相关,即政策实施结果未必是政策本身的作用。如果政策实施结果与政策之外的因素相关,会导致模型的估计结果出现偏差,政策本身与政策执行结果之间的关系难以解释清楚(彭纪生等,2008)。

为了克服上述方法的缺陷,加里·利贝卡普(1978,中文版,1994)尝试从政策本身出发,对政策文本进行量化研究。加里·利贝卡普在对与矿产权相关的法律研究之后,选择 15 个维度表示矿产权的重要性,然后对新颁布的每项法律和法院判决书与先前的法律和判决书做比较,如果新的法律或判决书更精确详细地定义了权利,就给对应的维度记 1 分,否则就记 0 分。然后对每项法规的得分进行加总,在一年中颁布的全部矿产权法规的总分数就是矿产权法规的年度增加值,在此基础上再对政策作用效果进行统计分析。结果表明,这种方法能够比较准确地反应政策本身对政策执行效果的关系。之后,这种方法在政策评价中得到广泛应用。

(三)政策评价实践

学术界针对废弃资源利用政策的评价研究主要从政策演进、政策体系现状、政策实施效果评价、政策顶层设计等方面展开讨论并提出建议。姚海琳和张翠虹(2018)运用社会网络分析法和共词分析法,对 1978—2016 年我国 172 份资源循环利用方面的政策文本演进分析结果表明,中国资源循环利用政策经历了探索起步、初步形成、快速发展和战略深化四个阶段,政策主题由宏观向具体转变、废物利用对象由工业废物向生活废弃物转变、产业链环节由重回收向重利用转变、政策措施由单一措施向多项措施并用转变。江飞涛和李晓萍(2018)对中国产业政策演进分析结果表明,我国产业政策经历了一个从计划管理与选择性产业政策混合并用,到以选择性产业政策为主功能性政策为辅的转变过程。康捷等(2019)系统分析科技创新政策评价体系现状和评价过程,构建了准备、实施、总结三步骤评价流程。陈建国和原沈超(2017)对不同补贴金额下建筑垃圾分类回收政策效果评价结果表明,提高补贴额度能够提高承包商分类回收的积极性,降低填埋处置比例;同时,按照建筑垃圾填埋量征收适当费用,能够正向调节回收利用补贴政策对降低填埋处理的实施效果。Kahhat 等人(2008),Williams 等人(2008)回顾美国电子废弃物现有回收系统存在的问题,探讨了欧盟、日本、韩国和我国台湾地区的电子废物管理系统,提出美国未来电子废物监管和管理系统政策方案。

四、权重的确定方法

在本书中,对静脉产业园功能评价和四链有序度评价时均需要确定指标的权重。关于权重的确定方法,有必要在此作以简单介绍。

指标权重表示指标在评价体系中的重要程度。在常见的赋权方法中,层次分析法(AHP)、德尔菲法(Delphi)等属于主观赋权法,适用于定性数据的主观经验赋权,熵权法、标准离差法、主成分分析法属于客观赋权法,尤其是熵权法充分利用了原始数据信息熵的效用价值,对数据质量高的指标赋予较高权重。

(一)层次分析法(AHP)

层次分析法(AHP)所要解决的问题是关于最低层对最高层的相对权重的问题,按此相对权重可以对最低层中的各种方案、措施进行排序,从而在不同的方案中做出选择或形成选择方案的原则。层次分析法由萨蒂(Saaty)教授20世纪70年代提出,他将复杂问题的影响因素分解成多个层次,然后分层、分别比较,系统化决策。这种方法的具体步骤如下:

第一步,建立层次结构模型。

将决策的目标、考虑的因素(决策准则)和决策对象按照他们之间的逻辑关系分为最高层、中间层和最低层,绘出层次结构图。其中,最高层为决策目的或是要解决的问题,最低层为决策的备选方案,中间层为考虑的因素或决策的准则。对相邻的两层,称高层为目标层,低层为因素层。[①]

第二步,构造判断矩阵。

将需要比较的因素分别置于矩阵的行和列,然后在矩阵中采用相对尺度对因素两两相互比较,按照重要性程度给出1~9的评分标度,例如,若指标1对指标2来说,重要程度为2,则有 $a_{12}=2$,相应地,指标2对指标1来说,重要程度为1/2,因此, $a_{21}=1/a_{12}$ 。这样,两个指标之间的标度成对出现,互为倒数。判断矩阵 A 如式(1-1)所示。

$$A = \begin{bmatrix} a_{11} & a_{12} & \cdots & a_{1n} \\ a_{21} & a_{22} & \cdots & a_{2n} \\ \cdots & \cdots & \cdots & \cdots \\ a_{n1} & a_{n2} & \cdots & a_{nn} \end{bmatrix} \quad (1-1)$$

[①] 来源:博客。

判断矩阵元素 a_{ij} 的标度方法如表 1-2 所示。

表 1-2　判断矩阵元素 a_{ij} 的标度与方法

标度	含义
1	表示两个因素相比,具有同样重要性
3	表示两个因素相比,一个因素比另一个因素稍微重要
5	表示两个因素相比,一个因素比另一个因素明显重要
7	表示两个因素相比,一个因素比另一个因素特别重要
9	表示两个因素相比,一个因素比另一个因素极端重要
2,4,6,8	上述两相邻判断的中间值
倒数	因素 i 与 j 比较的判断值为 a_{ij},因素 j 与 i 比较的判断值为 a_{ji},$a_{ji}=1/a_{ij}$

资料来源:依据文献整理。

第三步,求判断矩阵的最大特征根及其对应的特征向量。

运用 MatlabR2017a 软件计算出判断矩阵 A 的最大特征根 λ_{max} 及其对应的特征向量 B。

第四步,层次单排序。

对特征向量 B 归一化处理,使向量中各元素之和为 1,记为 W,W 中的元素即为子层因素对父层因素相对重要性的权值排序,这一过程称为层次单排序。

第五步,一致性检验。

当需要赋权指标数量过多时,由于是两两比较,比较过程没有传递性,专家在两两比较时可能会由于价值取向及定级差异,造成判断矩阵中赋值存在矛盾或不一致现象,因此需要对计算得到的权重进行一致性检验。

定义 1　一致性指标为 CI。

$$CI = \frac{\lambda_{max} - n}{n - 1} \qquad (1-2)$$

式中:

λ_{max}——判断矩阵 A 的最大特征根;

n——指标个数。

$CI=0$,有完全的一致性,CI 接近于 0,有满意的一致性,CI 越大,不一致越严重。

定义 2 一致性比率为 CR。

$$CR = \frac{CI}{RI} \qquad (1-3)$$

式中:

RI——随机一致性指标,可从表 1-3 随机一致性指标 RI 中查到。

一般认为一致性比率 $CR<0.1$ 时,A 的不一致程度在容许范围之内,有满意的一致性,通过一致性检验,可用其归一化特征向量 W 作为权向量。否则要重新构造成对比较矩阵 A,对 a_{ij} 加以调整,然后再重复上述过程,直至得到满意的权向量。

第六步,层次总排序及其一致性检验。

计算某一层次所有因素对于最高层(总目标)相对重要性的权值,称为层次总排序,这一过程是从最高层次到最低层次依次进行的。

表 1-3 随机一致性指标 RI

n	1	2	3	4	5	6	7	8	9	10	11
RI	0	0	0.58	0.9	1.12	1.24	1.32	1.41	1.45	1.49	1.51

资料来源:依据文献整理。

假设某个 AHP 评价指标体系中有 A 层和 B 层两个层次,A 是 B 的上层,A 层 m 个因素 A_1,A_2,$\cdots$,A_m 对总目标 Z 的排序为 a_1,a_2,$\cdots$,a_m,B 层 n 个因素对 A 层中因素 A_i 的层次单排序为 b_{i1},b_{i2},$\cdots$,b_{in},$i=1,2,\cdots,m$。B 层的层次总排序(即 B 层第 j 个因素对总目标的权值为 $\sum_{i=1}^{m} a_i b_{ji}$)为:

$$\begin{aligned} &B_1: \quad a_1 b_{11} + a_2 b_{12} + \cdots + a_m b_{1m} \\ &B_2: \quad a_1 b_{21} + a_2 b_{22} + \cdots + a_m b_{2m} \\ &\cdots \qquad \cdots \\ &B_n: \quad a_1 b_{n1} + a_2 b_{n2} + \cdots + a_m b_{nm} \end{aligned} \qquad (1-4)$$

层次总排序的一致性比率为:

$$CR = \frac{a_1 CI_1 + a_2 CI_2 + \cdots + a_m CI_m}{a_1 RI_1 + a_2 RI_2 + \cdots + a_m RI_m} \tag{1-5}$$

(二)熵权法

熵权法是一种客观赋权法。香农(C. E. Shannon,1948)在对事件含有信息丰富程度量化时,将"熵"概念引入信息论中,提出了"信息熵"概念。"熵"原是热力学中表征物质状态的参量之一,是对物质受热后内部体系混乱程度的度量,由克劳修斯(T. Clausius)于1854年提出(邹经文,1986)。熵权理论认为,某个指标的样本观测值离散程度越大,该项指标包含的信息量就越多,事件的不确定性就越小,熵值就越小,因此,应当赋予该指标较高的权重。假如评价对象X有m个样本,并且通过n个指标进行评价,$x_{ij}(i=1,2,\cdots,m;j=1,2,\cdots,n)$为第$i$个样本的第$j$个指标的评价值,采用熵权法确定指标权重的计算过程如下。

第一步,构建评价值矩阵,如式(1-6)。

$$X = (x_{ij})_{m \times n} \tag{1-6}$$

式中:

m——样本个数;

n——指标个数。

若某项指标值$x_j^T = (x_{ij})_m$(T表示转置)之间的离差越大,则信息熵在整个评价体系中的作用就越大,应赋予较高的权重,否则就应赋予较低的权重。

第二步,用式(1-7)对评价值矩阵做标准化处理。这里采用Min-max标准化法。

$$x'_{ij} = \frac{x_{ij} - \min(x_j)}{\max(x_j) - \min(x_j)} \tag{1-7}$$

第三步,用式(1-8)计算第j项指标下第i个样本值占该指标和的比重,得到指标比重矩阵P。

$$p_{ij} = \frac{x_{ij}}{\sum_{i=1}^{m} X_{ij}} \tag{1-8}$$

$$P = (p_{ij})_{m \times n} \tag{1-9}$$

第四步,用公式(1-10)计算第 j 项指标的信息熵值。

$$e_j = -\frac{1}{lnm}\sum_{i=1}^{m} p_{ij} \cdot ln\, p_{ij} \qquad (1-10)$$

第五步,用公式(1-11)计算第 j 项指标信息熵的差异系数(即信息熵的冗余度)。

$$d_j = 1 - e_j \qquad (1-11)$$

第六步,用公式(1-12)计算第 j 项指标的权重。

$$w_j = \frac{d_j}{\sum_{j=1}^{n} d_j} \qquad (1-12)$$

第二节 文献回顾

一、国外研究现状

静脉产业思想萌芽于 20 世纪 80 年代的日本并在全球蓬勃发展,理论研究受到学者们广泛关注,近 5 年来,学者们基于不同研究视角展开了丰富的研究,主要集中在以下几个方面。

(一)有机固体废物利用技术

Awalludin 等(2015)认为油棕榈废物在种植园即可通过传统的机械转化方式,转化为有机肥料、动物饲料或土壤改良剂。另外,直接燃烧、气化、热解和液化方式将油棕榈废物转化为增值产品是比较有用的方法。特别是液化方法,由于其方法简单,产生的液化溶剂中存在有用官能团和生物质而得到重点关注。Jain 等(2015)讨论了城市生活垃圾在厌氧消化过程中各种参数的控制(如机械,热、化学和生物方法等)及其对厌氧消化的影响。Lim 等(2016)讨论了有机固体废物堆肥工艺的环境影响和经济潜力,认为堆肥能够降解各种类型的有机废弃物。在堆肥过程中,间歇通风、使用膨胀剂、引入大量蚯蚓会减少温室气体的排放。总体上说,堆肥技术是经济可行的。

但由于有机肥料的市场价值变动幅度大,堆肥成本存在差异,可能影响其经济可行性。如果有机肥价值增加,碳补偿带来的养分将对经济可行性产生积极影响。

Lieder 和 Rashid(2016)认为天然纤维聚合物复合材料(NFPC)是一种生态和廉价的传统石油衍生材料替代品,工业和农业生产过程中产生的大量有机废物和残余物是一种低值能源资源,但未得到充分利用,未来将被用作天然纤维聚合物复合材料的增强剂或添加剂。在天然纤维聚合物复合材料中使用有机废物和残渣材料是一种生态友好的、价值更高的替代品。Kirchherr 等(2017)认为有机废物通过微生物燃料电池技术可以获取能源,但微生物燃料电池技术的能源生产潜力还不是很明确,并且在现实场景中如何有效利用微生物燃料电池的能量仍然是一个挑战。Kirchherr 等分析了制约多功能控制器能量输出和影响其长期可靠性的限制因素,提出了几种微生物燃料电池储能技术和就地利用策略。

可见,国外学者对有机废物的应用研究,主要关注其技术和方法,虽然 Lim 等对有机固体废物堆肥的成本和效益有所探讨,但更多的是从技术层面展开研究,从经济角度甚至将技术和经济结合起来研究的成果尚不多见。

(二)电子电器设备废物的回收及利用

Ghosh 等(2015)回顾了包括静电分离、磁力分离、泡沫浮选等方法分离印刷电路板中金属和非金属的物理分离技术,并讨论了通过火法冶金、湿法冶金或生物湿法冶金等方法从印刷电路板中获取金属的途径。Hadi 等(2015)回顾了电子废弃物印刷电路板回收处理过程中物理和化学处理技术,认为有效分离电子废弃物印刷电路板中金属和非金属的物理循环技术是最有希望的技术。

Cucchiella 等(2015)认为电器设备废弃物是目前世界上增长最快的废物之一,估计每年保持3%到5%的增长速度。Cucchiella 等分析了一个支持多品种电器设备废物回收中心决策过程的综合框架,评估了14种电子产品回收带来的潜在收入,对一些关键经济指标(例如价格,材料成分,纯度,体积和回收百分比)进行了灵敏度分析。电子废物中由于存在重金属 Hg、Cd、Pb、溴化阻燃剂(BFR)和其他潜在有害物质,常被视为危险废物,如果管理不当,会存在严重的人类和环境健康风险。Sun 等(2016)详细介绍了电子废物回收利用过程中的管理及物理、化学和冶金等拆解分离技术知识。

可见,国外学者对电子电器废物的研究,主要集中在技术和管理两个方面,在技术方面主要探讨了通过物理和化学方法分离金属和非金属,在管理方面则通过构建模型讨论回收中心(站点)的选址决策问题。

(三)城市固体废物的管理与利用

Laurent 等(2014)认为需要充分关注全球不断增加的固体废物对环境可持续性的影响。为了探明生命周期评估(LCA)工具在固体废物管理系统(SWMS)中的应用方式、地点和程度,以及从 LCA 应用结果中可以得到哪些经验教训,Laurent 等领导课题组对 222 份公开发表的固体废物管理系统生命周期研究成果进行了评估,发现已发表的研究成果主要集中在欧洲,在发展中国家几乎没有应用。在研究对象上,忽略了生命周期法在固体废物(如建筑废物)管理中的应用。由于每套固体废物管理系统对废物成分或能源系统特性分析具有较大差异,致使 222 项研究的结论存在很大差异,这使课题组对生命周期分析结果难以进行有意义的概括。建议固体废物管理的利益相关者将 LCA 视为一种工具,捕获 SWMS 在环境影响和效益建模中的特定条件,识别关键问题并提出有针对性的改进方案。多标准决策分析(MCDA)法是目前城市固体废物处理研究中最常用的方法,它可以帮助多个利益相关者评估决策冲突,并对固体废物处理策略排序,帮助决策者做出适用的决策。Soltani 等(2015)回顾并总结了 MCDA 在解决城市固体废物问题中的应用,研究结果表明,多标准决策分析(MCDA)是考虑多个利益相关者和专家意见的最常见方法。

Behera 等(2014)探讨了由建筑废物制成的再生骨料混凝土及改善其性能的方法,并分析了再生骨料混凝土尚未被建筑业广泛使用的原因。Smol 等(2015)认为污泥灰可用于制造建筑材料,例如砌块砖、瓷砖、水泥、混凝土砂浆的骨料、轻质合成材料、路基稳定材料等。Shu 和 Huang(2014)综述了废轮胎橡胶在沥青和波特兰水泥混凝土中应用的最新进展。橡胶颗粒与沥青具有良好的相容性,它们之间相互作用,这一发现使得橡胶沥青成功地应用在沥青路面混合物中。与橡胶沥青不同的是,在波特兰水泥混凝土中加入废橡胶时,由于橡胶与水泥砂浆不相容,在应力上缺乏刚度,虽然已经有学者提出了改善橡胶化波特兰水泥混凝土性能的方法,但距成功应用还有一段距离。

Pan 等(2015)评估了几种最先进的垃圾发电技术,包括燃烧、气化和厌氧消化,给出了不同类型的垃圾发电技术的组合选择,提出实施垃圾发电供应链战略,以克服技术、金融、制度和监管等方面的障碍。

可见,国外学者对废物利用的研究,主要集中在管理和利用方法上。在管理方法上,讨论了固体废物管理中的生命周期评估方法和多标准决策分析(MCDA)法。在利用方法上,讨论了建筑废物、污水污泥灰制作建筑材料(骨料)的技术,以及废旧沥青制作改性沥青的技术,也有学者讨论了垃圾发电技术组合选择问题(详见表1-4)。

表1-4 近5年国外学者对废物利用的研究

研究视角	典型研究	研究内容
有机固废利用技术	Awalludin 等(2015); Jain 等(2015); Lim,Lee 和 Wu(2016); Lieder 和 Rashid(2016); Kirchherr,Reike 和 Hekkert(2017)	油棕榈废物转化为有机肥料,通过燃烧、气化、热解和液化方式转化为增值产品的方法;有机固废用作天然纤维聚合物复合材料的增强剂或添加剂,通过微生物燃料电池技术获取能源等;有机固废堆肥的经济性分析
电子废物回收及利用	Ghosh 等(2015); Hadi 等(2015); Cucchiella 等(2015); Sun et al. (2016)	印刷电路板中金属和非金属物理化学分离方法;回收中心(站点)布局决策和环境危害风险管理问题

续表 1-4

研究视角	典型研究	研究内容
城市固废管理及利用	Laurent 等（2014）； Soltani 等（2015）； Behera 等（2014） Smol 等（2015） Shu 和 Huang（2014）	生命周期评估方法、层次分析法在固废管理决策中的应用；建筑废物制成再生骨料混凝土、污泥灰制造建筑材料、废轮胎橡胶在沥青和波特兰水泥混凝土中应用的最新进展

二、国内研究现状

废弃物再生利用和循环利用已引起了我国学者的广泛关注，理论研究文献如雨后春笋，取得了丰富的研究成果。本部分在梳理 2005 年以来国内相关文献基础上，拟从静脉产业体系研究、静脉产业发展研究、不同类别废物利用研究三个方面进行综述。

（一）静脉产业体系研究

静脉产业体系结构可以归纳为横向体系、纵向体系、产业发展环境支撑体系和产业参与主体关系四个方面。

1. 静脉产业横向体系研究

静脉产业横向体系反映了废弃物类别上的差异。不同类别废弃物在回收、处理处置、再利用等方面有很大差别，很难用相同过程做统一化处理，将他们都放在静脉产业概念框架下研究时，有必要按废弃物类别在横向上讨论静脉产业的体系结构。有些学者构建了秸秆在不同用途时的静脉产业横向体系（庞燕和鄢小蓝，2010；陈智远等，2010），也有学者研究了煤炭矿区不同废弃物的静脉产业横向体系。

2. 静脉产业纵向体系研究

为了克服静脉产业横向体系过于复杂难以讨论的缺陷，有学者尝试静脉产业纵向体系结构的研究。秦海旭等认为静脉产业纵向体系由企业内静脉过程，企业间资源和能源梯级利用，社会层面的回收网络、运输网络、交换网络、集中处置或再生处理中心三个层面构成的"点—线—面"产业格局(秦海旭等,2007)。任一鑫等(2015)认为电子电器废弃物静脉产业由回收、拆解、分类、再生处理、再制造、最终处理等子产业构成,并探讨各子产业之间的相互衔接关系。张咏梅等研究了煤炭矿区静脉产业的纵向体系(张咏梅等,2011)。张宝兵(2013)从产业链运行环节构建我国城市固体废弃物静脉产业体系。刘雅星(2016)将废旧纺织品静脉产业链分为回收、分拣、物流和仓储、再利用和无害化处理五个环节。

3. 静脉产业发展环境支撑体系研究

产业发展环境支撑体系包括法律法规、政策、技术、教育、公民认知行为、意识意愿等方面(秦海旭等,2007;张宝兵,2013;周军等,2014)。静脉产业能否充分发展,不仅取决于产业自身的发展,还取决于环境条件给予的支撑作用。我国从建国初期就开始重视再生资源产业的发展,制定了一些有利于再生资源产业发展的政策。2005年后,颁布了一系列法规政策,涉及综合性政策、废弃物不同处理阶段的政策、园区基地建设政策、重点行业废旧物资再生利用或处置政策、财税金融支持政策等五类政策。学者围绕其法规政策进行了大量研究。比如完善制度环境方面,有韩国生活废弃物再利用制度(朴英爱,2007),生产者责任制度(董正爱,2010),国外相关政策制度对我国静脉产业发展的影响(周军等,2014)。在技术、教育、公民认知行为、意识意愿等支撑环境研究方面,陈智远等(2010)认为,农业废弃物利用方式选择应考虑技术的先进性、无害性、高效性。在农业废弃物基质化利用过程中,应关注技术研发与推广严重不足、农户转化利用效率较低的现象(丁玉梅等,2014),其原因有两个方面:一是技术过于先进,二是推广服务不到位。农业废弃物资源化应用只有得到多数农民的认同(颜廷武等,2016),才能使农业废弃物循环利用的环境价值最大,并实现其社会和经济价值(何可和张俊飚,2014)。另外,对农业废弃物资源化利用补贴政策的熟悉程度或认知水平将会影响农民的受偿意愿,进而影响废弃物资源化利用的态度和积极性(全世文和刘媛媛,2017)。

4. 静脉产业参与主体关系研究

静脉产业链运行主体主要由政府、企业、社会组织和消费者构成(刘雅星,2016),静脉产业链上游主体应该降低盈利空间,压低产品销售价格,以降低下游主体成本,实现产业链多主体共赢。静态博弈和动态博弈的静脉产业资源定价方式是最好的定价策略(张咏梅等,2011)。在静脉产业 BOT 项目融资上,政府可以采取担保、补贴等措施以吸引民间资本投入静脉产业。工业废弃物供应量、原生材料和能源价格、直接排放受到的惩罚、加工废弃物受到的激励四个要素与静脉产业链主体合作概率成单调递增关系,投资规模、交易成本、处理成本、机会损失四个要素与参与主体合作概率成单调递减关系(卢福财和胡平波,2015);电子废弃物回收产业链中,政府、消费者和企业三方主体最终会在政府不监管、消费者选择正规回收途径、企业主动加大环保投入情况下达到稳定均衡状态(彭本红等,2016)。在政府不监管不约束条件下,单单依靠市场力量,快递企业和消费者之间的包装物回收系统博弈难以达到均衡状态,当引入政府约束机制时能够缩短进入均衡状态的过程(徐红等,2017)。

(二)静脉产业发展研究

1. 静脉产业规划与布局研究

静脉产业规划与布局研究,讨论生态园区、不同类型废弃物静脉产业园区和交易市场布点选址问题,同时也涉及各种废弃物回收物流网络布局。比如,废弃物回收网络的中转站选址问题,高新产业园区在技术、物流、产业链、企业品牌等方面发展电子废弃物静脉产业比较优势研究(王伟华和毋庆刚,2009),城市内静脉产业园区布局和交易体系布局(张宝兵,2013)。静脉产业链规划策略应跟上静脉产业发展速度,必要时可以采用生命周期和物质流分析法对静脉产业链结构进行规划(何红渠和谢雄军,2013),以实现城市共生网络顶层规划、政府促进和自组织问题(刘光富等,2014)。

2. 静脉产业发展模式研究

朱守先和张雷(2008)曾经在静脉产业发展模式方面做了一些尝试。此后,相关的成果不断出现,比如云南静脉产业发展模式(陈瑛等,2009),畜禽养殖废弃物资源化利用模式(姜海等,2015),民营企业参与模式(李赶顺和刘红林,2009),新型循环经济发展模式(赵国党,2016),河北省钢铁行业静脉产业发展模式,建筑废弃物在行业内层面、行业间层面和社会层面的再利用模式(张金利和姚伟龙,2010),产业发展、经营、物流、教育等方面的长株潭城市群静脉产业一体化发展模式,生活垃圾、工业固废/危废、电子废弃物等不同类别废弃物处理处置及资源化利用综合一体化静脉产业园区建设模式(邵启超,2012),动静脉产业一体化发展模式(宾幕容等,2017)。

3. 静脉产业发展影响因素研究

影响静脉产业发展的因素很多,比如,高成本、低技术水平和薄弱的制度环境,畜禽养殖废弃物循环利用技术采纳绩效影响因素(宾幕容等,2017),生产者责任制度、回收网络、财税支持、经济激励政策、技术和行业宏观规划因素(周军等,2014)、网络脆弱性因素(朱文兴,2013)、废弃物供需不匹配因素(张其春和郗永勤,2016),资源化效益差,回收行为不规范,网络成员联动脆弱性因素(王丽平和栾慧明,2017),以及外部因素、网络因素与静脉企业自身因素(卢福财和胡平波,2015)。

4. 静脉产业发展评价研究

可以总结为评价内容和评价方法两个方面。①内容方面,以经济评价和环境评价为主(王军等,2008;王咏梅和王鹏程,2013;王瑶和米锋,2016)。经济评价侧重资源利用效率、绩效评价(王军等,2008;李鹏等,2013;王瑶和米锋,2016)、物质流和能量流评价(邱旻昊,2015)。环境评价主要从环境效益、环境安全、生态效益(王咏梅和王鹏程,2013)角度评价。另外,静脉产业和动脉产业耦合发展评价(刘佳娜,2017)也常作为评价内容被学者关注。②方法方面,一般通过构建评价指标方式进行评价(王军等,2008;邱旻昊,2015;王瑶和米锋,2016),也有学者采用 DEA 模型(李鹏等,2013;李鹏等,2014)、OUTPUT-DEA 模型(刘娟和尹君,2013)、模糊综合评价法(王咏梅和王鹏程,2013;张本越和刘佳娜,2017)、层次分析法(张本越和刘佳娜,2017)、可拓优度评价法(陈翔和肖序,2015)等方法进行评价。

(三)不同类别废物利用研究

1. 电子废弃物资源化利用研究

关于电子废弃物回收利用研究,国内学者从三个方面展开。①在多主体协同方面,彭本红等(2016)分析表明,在电子废弃物回收产业链中,政府是引导者,企业是推动者,消费者仅起到辅助作用,"三方主体在政府不监管、消费者选择正确回收途径、企业主动加大环保投入处达到稳定均衡状态",但实践中,在缺乏相关法律制度约束情况下,若政府监管缺失,企业不会主动加大环保投入。②机制及模式方面,政府监督成本和对企业惩罚力度、企业在环境保护方面的成本投入与长期、短期经济效益是协同演进的驱动力。王燕等认为,使用市场手段有助于电子废弃物资源化利用。乌力吉图和邹松涛(2009)提出,应当在电子产品生产集中地建立"电子废弃物管理票"制度、"扩大生产者责任"制度和区域协作制度。③在产业布局方面,王伟华和毋庆刚(2009)认为,高新区在发展电子废弃物静脉产业方面具有明显的技术、物流、产业链、品牌等方面的比较优势,因此电子废弃物静脉产业应布局在高新区。由此可知,政府、制度、企业、市场在电子废弃物资源化利用方面发挥着重要作用,政府监管力度越大、制度越完善且贯彻得越好、市场越成熟、企业的主体作用发挥得越充分,电子废弃物资源化利用越有成效。

2. 工业废弃物资源化利用研究

工业废弃物资源化利用方面的研究,可以归纳为五个方面。①效率评价研究。刘娟和尹君(2013)构建 OUTPUT-DEA 模型对中国 31 个地区工业固体废弃物资源化利用效率进行评价,结果表明区域间废弃物利用效率和技术水平均存在较大差异,这种差异是由区域经济实力不均衡造成的。②网络运行绩效及影响因素研究。卢福财和胡平波(2015)运用因子分析模型和典型相关分析法找到工业废弃物再利用网络运行的影响因素,包括政策支持、环境保护压力、网络能力、企业间信任关系、核心企业特性、企业技术六项因素。③利益主体合作博弈分析。朱文兴(2013)认为,工业废弃物循环利用网络中,组织间存在结构性冲突和经营性冲突,废弃物价格随着合作可能性增加,呈现出先上升后下降的倒"U"型趋势。④网络脆弱性分析。王丽平和栾慧明(2017)从适应性、敏感性、恢复力三个方面分析工业废弃物网络成员间联动脆弱性,提出提升网络敏捷性、加强网络柔性、增强网络弹性三种解决措施。⑤生产者责任制度研究。董正爱(2010)认为,生产者应承担产品报废后对环境影响的责任,担负起废弃产品回收处理责任,将生产者责任延伸到产品整个生命周期是发展循环经济的一项重要制度。由此可知,工业废弃物循环利用总体效果与产业链上企业间利益分配、产业链结构、知识和技术在地区间链接与转移有关。

3. 建筑废弃物资源化利用研究

建筑废弃物资源化利用方面的研究,可归纳为四个方面。①特殊废弃物在建筑中的应用研究。王江等(2013)研究牡蛎壳在生态建筑中用于墙体砌筑和建筑节能等方面的应用,对绿色建筑设计有一定启发。②资源化再利用方法与体系研究。张金利和姚伟龙(2010)从建筑行业内、行业间及社会三个层面介绍了建筑废弃物再利用方法,从循环经济视角提出建筑固体废弃物再利用体系。③法律法规建设研究。范卫国(2014)研究发现,发达国家通过完善立法和制度设计促进了建筑废弃物循环利用效率,我国应借鉴发达国家的成功经验。④管理平台构建及影响因素研究。胡刚等(2016)构建"城市矿产"管理平台,认为建筑废弃物分类和转运消纳是影响管理平台的因素,据此提出了优化建议。由此可知,建筑废弃物再利用绩效与绿色设计、法律法规建设、再利用方法与技术、管理关系密切。绿色设计理念越深入人心、法律法规越完善、再利用技术与方法越先进、管理越先进,建筑废弃物再利用效果越显著。

4. 农业废弃物资源化利用研究

农业废弃物资源化利用方面的研究成果丰富,可归纳为以下五个方面:①产业链构建及其作用研究。卢黎霞和杨樱(2011)构建以秸秆为资源的沼气、生活燃料、肥料、饲料、食用菌、工业产品静脉产业链,认为农业静脉产业是解决农业资源短缺和农业"废弃物"并存问题的有效途径之一。②资源化技术路径、模式或机制研究。陈智远等(2010)认为,农业废弃物资源化利用途径包括饲料化、肥料化、能源化、基质化及工业原料化,应根据各地区具体情况,遵照机械化、无害化、资源化、高效化和综合化利用原则,选择合适的利用途径;吴群(2013)认为,市场化、产业化与政府政策支持相结合能够有效解决农业废弃物资源化利用及其可持续发展问题,提出了建立激励补偿机制、重点发展龙头企业、加大技术研发力度等机制;王咏梅和王鹏程(2013)研究表明,农业废弃物饲料化生态效益最佳,肥料化经济效益最佳,基质化社会效益最佳,材料化生态效益和经济效益都是最差的,饲料化社会效益最差;丁玉梅等(2014)认为,农业废弃物基质化利用过程中呈现"技术研发与推广严重不足,种植户转化利用效率较低"的不协调状态。③绩效区域差异分析。李鹏等(2013)利用三阶段DEA模型测度不同区域农业生产废弃物再利用绩效。④农民价值感知与投资意愿研究。颜廷武等(2016)通过Tobit模型分析信任、互惠规范、公民参与网络三个层面的社会资本对农民环境保护投资意愿的影响。⑤补偿与受偿意愿研究。何可等(2013)建立二项逻辑回归模型分析种植户废弃物资源化生态补偿支付意愿的影响因素及其差异性;何可和张俊飚(2013)运用条件价值评估法和分位数回归法建立Tobit模型探究种植户参与废弃物资源化的受偿意愿及其影响因素,在此基础上探讨补偿标准问题;何可和张俊飚(2014)运用Heckman两阶段模型分析认为,种植户的支付意愿和支付水平受收入水平、文化程度、环境保护知识、环境保护态度等因素制约;全世文和刘媛媛(2017)研究认为,农户对以农户为补偿单位和以耕地面积为补偿单位两种补偿方式和补偿标准的受偿意愿存在显著差异。政府在实施秸秆资源化利用补偿政策之前,应该加强补偿政策宣传,提高农户对补偿政策的认知。由此可知,已有研究强调了技术研发与技术推广对农产品废弃物利用业发展的作用(丁玉梅等,2014),强调了政策宣传的作用(全世文和刘媛媛,2017)。

5. 畜禽养殖废弃物资源化利用方面的研究

畜禽养殖废弃物资源化利用方面的研究,可归纳为四个方面。①管理模式及其评价。姜海等(2015)研究认为,养殖企业主导、有机肥企业主导、种植企业主导、政府主导四种模式是畜禽养殖废弃物资源化利用的有效模式。其中养殖企业主导型经济效率低、适应性差,不适用于小型、分散养殖户废弃物资源化利用。针对小型和分散养殖户来说,应借助有机肥企业、种植企业和农村废弃物处理中心提高废弃物资源化利用经济效率。种植企业、有机肥企业主导模式具有规模优势,适于在更广范围推广。②资源化技术利用绩效研究。宾幕容和文孔亮(2017)研究表明,技术采纳带来的技术绩效、生态绩效、经济绩效、社会绩效对农户满意度都具有显著正向影响。③意愿及其影响因素研究。宾幕容等(2017)实证表明,行为态度、主观规范和认知行为正向影响农户畜禽养殖废弃物资源化利用意愿,同时这种意愿又正向影响农户的畜禽养殖废弃物资源化利用行为。④资源化利用纵向关系选择及其影响因素研究。舒畅等(2017)研究表明,经济效益是影响养殖户纵向关系选择的直接因素,种植企业主导模式和有机肥企业主导模式更适合畜禽养殖废弃物资源化利用,态度和认知行为影响农户畜禽养殖废弃物资源化利用意愿,技术采纳带来的绩效影响农户对畜禽养殖废弃物资源化利用满意度。在纵向关系选择上,经济效益是直接影响因素。

6. 其他废弃物处理研究

其他废弃物处理研究主要有:王瑶和米锋(2016)设计贡献度指数模型从资源、经济和环境三方面量化研究园林绿化废弃物资源化利用贡献度。赵雪梅(2018)认为,应当对生活垃圾(厨余垃圾、低价值回收物)分类处理,构建城市生活垃圾处理产业链。张宝兵(2012)认为,应借鉴发达国家向居民征收生活垃圾排放费的制度经验,通过收费一方面增加政府处理生活垃圾能力,另一方面有效减少生活垃圾排放量。生活废弃物资源化利用是固体废弃物资源化利用的一个重要方面,对资源、经济和环境均有贡献。但已有研究仅仅强调应当对生活垃圾分类处理,却没有给出详细的分类建议和方法。国内学者关于静脉产业的研究如表1-5所示。

表1-5 国内学者关于静脉产业的研究

研究视角		典型研究	研究内容
静脉产业体系	横向体系	庞燕和鄢小蓝(2010);陈智远等(2010)	秸秆不同用途、煤炭矿区不同废弃物利用的静脉产业横向体系
	纵向体系	秦海旭等(2007);张咏梅,张士强,黄现凤(2011);张宝兵(2013);刘雅星(2016)	电子电器废弃物、煤炭矿区废弃物、城市固废、废旧织物等的静脉产业纵向体系构成
	发展环境支撑体系	张宝兵(2013);周军,刘立媛,夏扬(2014);颜廷武,何可,张俊飚(2016);全世文,刘媛媛(2017);宾幕容,文孔亮,周发明(2017)	法律法规、政策、技术、教育、公民认知行为、意识意愿、生产者责任制度
	参与主体关系研究	刘雅星(2016);张咏梅,张士强,张暖暖(2011);卢福财,朱文兴(2012);彭本红,谷晓芬,武柏宇(2016);徐红,王辉,刘栩君(2017)	政府、企业、社会组织和消费者之间的关系;产业链上下游主体之间的利益关系

续表 1-5

研究视角		典型研究	研究内容
静脉产业发展	规划与布局研究	王伟华,毋庆刚(2009);张宝兵(2013);何红渠,谢雄军(2013);刘光富,鲁圣鹏,李雪芹(2014)	生态园区、不同类型静脉产业园区和交易市场布点选址问题,也涉及各种废弃物回收物流网络布局
	发展模式研究	朱守先,张雷(2007);陈瑛,冯勇,李艳(2009);姜海等(2015);李赶顺,刘红林(2009);赵国党(2016);张金利,姚伟龙(2010);邵启超(2012);宾幕容,文孔亮,周发明(2017)	畜禽养殖废弃物资源化利用模式;新型循环经济发展模式;民营企业参与模式;钢铁行业静脉产业发展模式;不同类别废弃物处置利用一体化园区建设模式;长株潭城市群静脉产业一体化发展模式;动静脉产业一体化发展模式
	发展影响因素研究	宾幕容,文孔亮,周发明(2017);周军,刘立媛,夏扬(2014);朱文兴(2013);张其春,郗永勤(2016);王丽平,栾慧明(2017);卢福财,胡平波(2015)	技术、成本、绩效、制度环境、回收网络、经济激励政策、财税支持、废弃物供需匹配因素、静脉企业自身因素等
	发展评价研究	王军等(2008);王咏梅,王鹏程(2013);王瑶,米锋(2016);李鹏等(2013);邱旻昊(2015);王咏梅,王鹏程(2013);肖序,金友良(2008);刘佳娜(2017);张本越,刘佳娜(2017);陈翔,肖序(2015)	以经济和环境评价为主,经济评价侧重资源利用效率,绩效评价、环境评价侧重环境效益、生态效益。评价方法一般通过构建评价指标方式,采用 DEA 模型、模糊综合评价法、层次分析法、可拓优度评价法

续表1-5

研究视角		典型研究	研究内容
不同类别废物利用研究	电子废弃物利用	彭本红等（2016）；乌力吉图和邹松涛（2009）；王伟华和毋庆刚（2009）	产业链多主体协同；机制与模式；产业布局；生产者责任制度
	工业废弃物利用	刘娟和尹君（2013）；卢福财和胡平波（2015）；朱文兴（2013）；王丽平和栾慧明（2017）	效率评价；网络运行绩效及影响因素研究；利益主体合作博弈分析
	建筑废弃物利用	王江等（2013）；范卫国（2014）；胡刚等（2016）	资源化再利用方法；法律法规建设；管理平台构建及影响因素研究
	农业废弃物利用	卢黎霞和杨樱（2011）；王咏梅和王鹏程（2013）；李鹏等（2013）；颜廷武等（2016）；何可和张俊飚（2013）；丁玉梅等（2014）；全世文和刘媛媛（2017）	产业链构建及其作用研究；资源化技术路径、模式或机制研究；区域绩效差异分析；农民价值感知与投资意愿研究；补偿与受偿意愿研究
	畜禽养殖废物利用	姜海等（2015）；宾幕容等（2017）；舒畅等（2017）	管理模式及其评价；资源化技术采用绩效研究；意愿及其影响因素研究；资源化利用的纵向关系选择及其影响因素研究

三、研究述评

纵观国内国外关于废物利用和静脉产业理论研究成果，可以看出，当前研究已经从废弃物回收利用环节技术与管理问题，扩展到能够综合处置利用各种生产生活废弃物的静脉产业生态园区发展研究方面，如产业体系研究，涉及静脉产业横向体系、纵向体系、产业发展环境支撑体系、参与主体关系等维度;产业发展研究,涉及产业规划与产业布局、产业发展模式、产业发展影响因素、发展评价等维度;不同类别废物利用研究,涉及电子废弃物利用、工业废弃物利用、建筑废弃物利用、农业废弃物利用、畜禽养殖废弃物利用等维度。虽然有不少研究成果,但已有研究仅局限于静脉产业及静脉产业园区自身发展的方方面面。然而,静脉产业是一个复杂而庞大的系统,不仅仅是产业自身,还涉及技术与管理创新、配套服务完善、政策资金支持等方面,这方面的研究还不多见。

第二章
静脉产业园四链功能及协同度评价方法

第一节 四链内涵、功能及四链协同范式

一、四链的内涵

学者们对产业链、创新链、服务链、资金链的内涵做了很多有价值的研究。

(一)产业链的内涵

关于产业链,伍先福和杨永德(2016),王宏强(2016),李伟(2016)等学者把产业前、后存在的供给与需求、投入与产出关联关系和时空布局关系称为产业链。刘畅和涂国平(2016)、王季(2016)、袁继新等(2016)、纪雪洪和吴永林(2017)认为产业链是在一定地理区域内以产业中具有较强竞争力的企业为核心,以资本、技术、产品等为纽带,以形成区域和产业竞争优势为目的,与相关企业结成具有价值增值能力的动态战略关系链。张利库(2007)认为,产业链是建立在产业内部分工和供需关系基础上的一种产业生态系统,分垂直传递链和横向协作链。邵喜武和杨俊(2013)、张弛和钟瑛(2015)、冯朝军(2017)等学者认为,垂直传递链包括体现产业价值创造过程的价值链、体现供需与投入产出关系的供需链和体现知识创造与传播的知识链,它们从不同角度反映了产业链纵向传递关系内涵。彭双等(2012)、邓世名等(2015)、洪银兴(2017)等认为,横向协作链包括推动产业发展的创新

链和支撑产业发展的服务链,它们反映了产业发展的推动与支撑关系,属于产业配套问题。

综合学者对产业链的定义,结合当前创新驱动时代特征和产业在经济发展中日渐重要的作用,本书认为,产业链是在一定地理区域范围内,同一产业部门中具有竞争力的企业及其相关企业,以模式、技术和产品创新为驱动,以配套服务为依托,联结而成的具有价值增值功能、供需关系和知识传递关系的网链式动态企业联盟。静脉产业园产业链就是在一个生态园区内围绕静脉产业而形成的链式动态战略联盟。

产业链内涵可以进一步从价值维、供需维、知识维三个角度理解其内涵。其中价值维从价值创造与价值流角度,探讨从废品回收、分选、无害化处理、资源化利用、中间材料到产成品以及最终消费整个过程价值分布与关联,价值是隐藏在产业链深层的价值组织形式与增值过程,体现了静脉产业链的价值属性,是其发展的根本。在组织形式上,静脉产业园产业链通过价值维把园区内每个企业通过价值流链接起来形成协调一致的、通畅的价值链系统。静脉产业链每个环节都有价值增值,但分布并不均匀,资源再生处理环节将废弃物转化为对人类有价值的资源,价值增值显著,是静脉产业的核心环节。供需维体现在静脉产业供应链上下游之间的供需关系上,以废弃物资源化处理和再利用企业为核心,由废弃物回收商、集中商、中间产品及产成品制造商、分销商、零售商和最终用户形成的网链结构构成了静脉产业供需链。通过供需链上材料或产品流动、投入与产出关系,将静脉产业链各个环节联系起来,实现了静脉产业链在供需关系上的贯通(曹群和姜振寰,2008)。知识维从知识创造与传播角度解释了静脉产业园产业链发展的内隐动力。在静脉产业链上,废弃物无害化处理后排放到自然界中,或经一系列环节转化成生产生活所需要的产品,每个环节都由知识在发挥作用,知识在当代产业发展中扮演了重要角色。所以,静脉产业园产业链是融价值链、供需链、知识链于一体的链条。

(二)创新链的内涵

关于创新链,Rothwell(1992)认为,技术推动与市场拉动的双重作用促使市场主体发生一系列创新连锁反应形成创新链。崔晓杨等(2016)认为,创新链是在某个创新核心主体带动下多主体参与的以满足市场需求为导向的一系列知识创新活动,这些创新主体可以是企业、政府、高校、科研院所、社会团体等一切具有创新能力的组织。罗琳和顾新(2017)等人把技术转化与应用全过程定义为创新链。归纳上述思想,本书认为,创新链是以某个主体为核心由多个主体构成的具有协作关系,受人才、文化、政策等环境影响的知识、技术创新与传播网链结构。静脉产业园创新链是由企业、大学、科研机构和政府等主体构成,具有协作关系,符合经济、社会、环境发展需要的,以人才作为知识与技术创新支撑的创新链条。

目前,在静脉产业园创新链上,至少有以下几个环节需要创新。首先,废弃物回收模式需要创新。目前生活废弃物回收模式是以"废品回收游击队+废品回收站"为主、以"生产厂家+销售商"为辅的回收模式,存在对废品拆解、分类不专业弊端,应该转变为以"生产厂家+销售商"为主、"废品回收游击队+废品回收站"为辅的模式(董芳青等,2016)。其次,在废弃物资源化处理方面技术落后,导致再生资源价格往往比一次资源价格高,再生资源销售不畅,因此再生处理技术需要创新,以降低再生过程成本(郭庆春等,2011)。最后,废弃物无害化处理的掩埋技术和分解技术需要进一步突破。

与产业链类似,创新链也可以进一步从价值维、供需维、知识维三个角度探析其内涵(薛捷和张振刚,2007)。从价值维看,静脉产业创新过程一般要经过应用研究、技术创新、产品设计、试生产及营销策划等多个环节,每个环节的创新对当前环节和下一个环节都是有价值的,形成了创新价值链。从供需维看,每个环节的创新成果相当于供需链上的产品,上一个环节是创新成果供给方,下一个环节是创新成果需求方,并对上一个环节的创新成果做出反馈,提出改进需求,形成再创新(冯朝军,2017)。当前环节在上一个环节创新成果基础上通过再创新形成新的成果供应给下游客户,这样就形成了创新供需链。从知识维看,知识是创新的源泉,每个环节的创新都要消化和吸收上一环节的创新成果,形成自己的知识,再结合新的需求,增加或创造新的知识元素,形成新的"产品"。当今,企业经营活动正在从以生产和物流活动为中心转向以知识创造、吸收、应用以及再创造活动为中心(施宏伟和康新兰,2015)。在创新、研发、产品生产、营销等活动中,一个新想法、新产品通常是在多个因素启发、多个主体参与下诞生的,参与主体在信息传递、技术交流和知识分享过程中构成了知识链(刘洪民和杨艳东,2016)。因此,在静脉产业中,从废弃物回收、分类、资源化处理、无害化处理、中间产品到最终产品研发、设计、生产、改进,整个过程就是一个以知识创新为纽带的链条,形成了静脉产业创新知识链。所以,静脉产业园创新链也是一个融价值链、供需链、知识链于一体的链条。

(三)服务链的内涵

关于服务链,学者们的研究可以归纳为两个方面。一是以服务企业为对象的研究,学者们发现,企业形成优势互补的服务联盟要比单个企业的服务效率高很多,于是提出了"服务链"的概念(翟金芝和孙东生,2011;邓世名等,2015)。二是学者们在研究产品供应链时,将日益重要的服务抽象出来,作为单独的贯穿产品生命周期的服务链条来研究(Ruggles,2005;蔺雷等,2014)。基于此,本书认为,服务链是多个服务主体在最大化满足服务对象需求(包括服务质量和效率)过程中,运用现代管理理论、信息技术工具,把与服务有关的特定组织和环节组织起来而形成的网链结构。静脉产业园服务链是一条贯穿废弃物回收、拆解分类、集中收购、资源化处理、再生处理、无害化处理、产品开发与设计、成品生产、营销与品牌传播、回收再造等环节的服务创造和服务增值闭环网链。服务链参与主体包括政府、企业及各种社会组织。服务内容包括废弃物分类知识培训、信息咨询服务、价值评估与交易服务、融资服务、人才中介服务、知识产权服务、产品检验检测及第三方认证服务、市场推广服务等。

静脉产业园服务链同样可以从价值维、供需维、知识维三个角度进一步理解其内涵。首先,从价值维看,服务创造价值。科技中介服务为静脉技术研发部门和应用企业架起了桥梁,让科研成果在转化过程中为研发部门、成果应用企业创造价值,在各主体之间形成了价值链(蔺雷等,2014)。其次,从供需维看,服务也是商品,在服务提供过程中伴随着商流、信息流和资金流,符合供需链的典型特征。最后,从知识维看,专业的服务需要专业的知识,在服务过程中伴随着知识传递(王夏洁和刘红丽,2007)。所以,静脉产业园服务链是一个融价值链、供需链、知识链于一体的链条。

(四)资金链的内涵

关于资金链,张金昌等(2015)认为资金链是企业之间、企业内部业务流程各个环节之间伴随价值创造过程形成的资金供求链条。袁继新等(2016)认为,资金链是指产品研发设计及量化生产过程中由不同资金来源和支持方式形成的资金链条。资金来源一般包括银行贷款、政府投资、企业投资和社会资本投入,属于广义的资金链。江曼琦和梅林(2018)认为,资金链是资金从供应链需求端经由供应链各环节流向供给端过程中形成的资金流动轨迹或路径,包括资金回流及时性和流量大小等。显然,张金昌和江曼琦等学者讨论的资金链属于供应链资金流,是狭义的资金链概念。王玉红和郎文颖(2013)、马广奇等(2017)从企业债务角度对成长型企业资金链分析认为,资金链体现了企业之间的债权债务关系。他们关于资金链断裂产生后果的研究,充分表明资金支持是产业发展的生命线,静脉产业也不例外,如何保障资金供给是静脉产业发展进程中亟待解决的关键性问题。在当前,静脉产业园基础设施建设和一些大型静脉产业项目资金来源主要靠政府财政支出,资金投入不足和资金供给渠道单一问题,阻碍了静脉产业发展。覃琼霞(2017)设计的水资源治理闭环和开环资金链为静脉产业资金链设计提供了一定借鉴。现有关于静脉产业资金供应的研究集中于如何优化政府资金投入的局部环节,很少从资金链全视角考察静脉产业资金支持。

二、四链功能解析

依据《静脉产业类生态工业园区标准(试行)》(HJ/T 275—2006)、《国家生态工业示范园区标准》(HJ 274—2015),对静脉产业园四链功能解析如下。

(一)产业链功能

静脉产业园产业链是由具有竞争力的核心企业及上下游相关企业围绕静脉产业形成的既有分工又有技术经济联系的链式动态战略联盟(王伟华和毋庆刚,2009;郭汉丁和张印贤,2016;王伟,2017)。从分工和技术经济关系看,根据不同废物的特点,静脉产业园产业链由不同废物的处理环节构成(如图2-1所示),但总体上可以将其划分为废物回收与物流仓储、废物直接再利用、废物资源化处理、再生资源开发利用、废物无害化处置五个环节。静脉产业园产业链功能见图2-2。

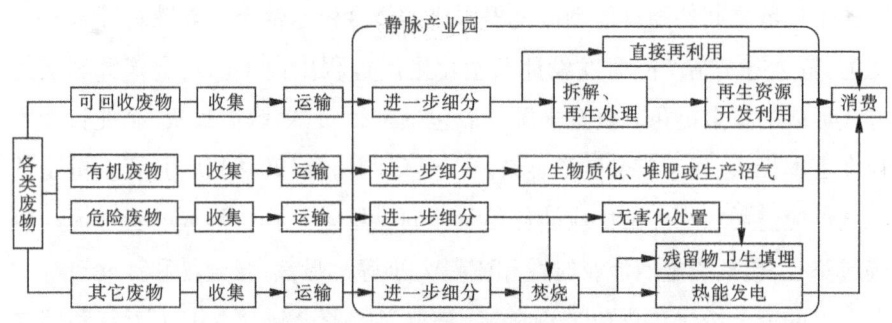

图2-1 不同废物的处理环节

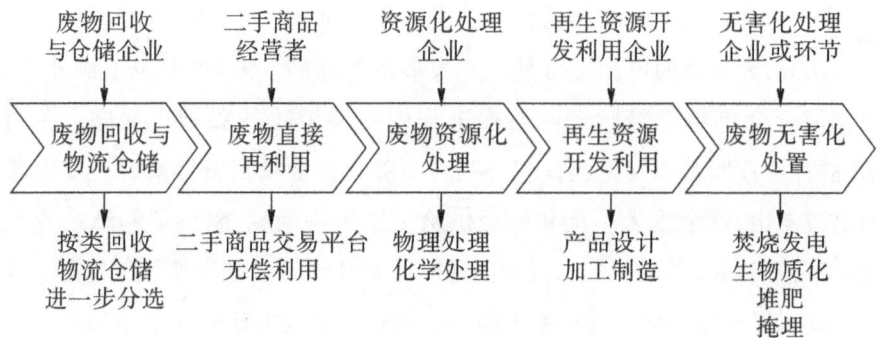

图2-2 静脉产业园产业链功能

（二）创新链功能

静脉产业园创新链的创新活动从总体上分为管理创新和技术创新两个环节（袁继新等，2016）。管理创新包括制度创新和模式创新，技术创新包括开发新技术和既有技术应用创新。如图2-3。

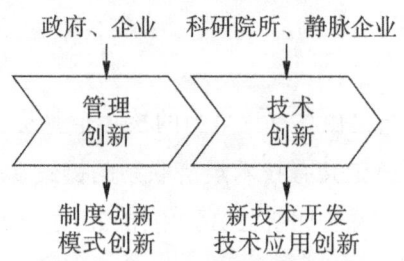

图2-3 静脉产业园创新链功能

(三)服务链功能

静脉产业园服务链是由服务主体在最大化满足服务对象需求过程中形成的网链结构(蔺雷等,2014)。静脉产业园服务链按照服务主体分,有公共事业服务和生产性服务两类。公共服务包括政府提供的公用基础设施服务、行政事业服务和园区公共管理服务。生产性服务包括水电热供应、咨询与评估、鉴定与认证、融资服务、信息与技术服务。如图2-4。

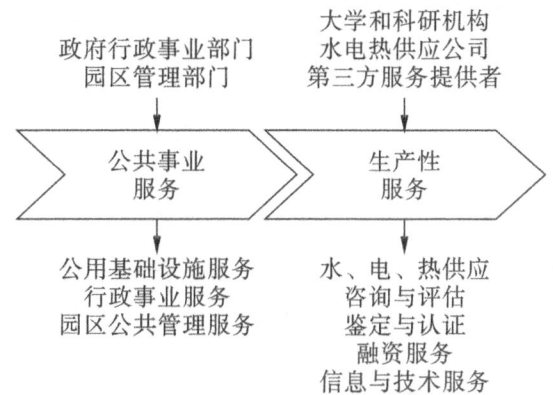

图2-4 静脉产业园服务链功能

(四)资金链功能

静脉产业园资金链是静脉产业链上下游企业之间的资金联系及静脉企业与政府、金融机构、个人及社会组织之间资金联系的总和(徐研和赵阳,2016),具体来说,由政府资金、企业资金、社会资金构成。其中政府资金由政府直接投资、政府补贴及减税等组成。企业资金由静脉企业追加投资、供应链企业间资金流和金融机构贷款等组成。社会资金由股权融资、民间借贷、创业投资等组成。如图2-5所示。

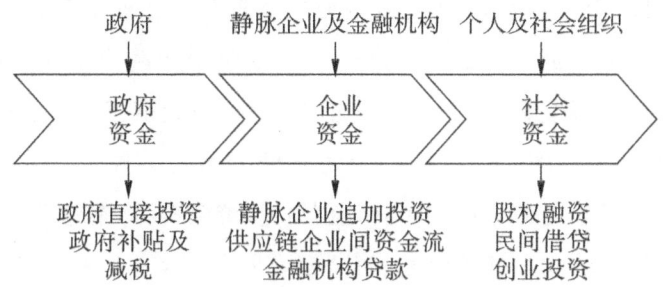

图2-5 静脉产业园资金链功能

经过对静脉产业园四链功能的解析,可以得到一般的静脉产业园区功能完善度评价模式。这种评价模式有以下两方面的作用:

1. 为静脉产业园区规划提供参考

作为静脉产业园四链功能完善度评价模式,它具有一定的通用性,可为政府规划静脉产业园区功能提供参考。根据园区处理废物的品类和功能定位对上述功能做适当剪裁。比如,建筑废物静脉产业园不需要考虑焚烧发电功能,却需要环保建材生产制造功能,城市生活垃圾处理静脉产业园不需要废旧金属处理功能,却需要具备垃圾焚烧、填埋等功能。

2. 为静脉产业园功能完善度评价提供依据

作为静脉产业园四链功能模式,可为想从事静脉产业活动、服务、创新、投资的企业、科研机构、金融机构等部门提供参考,它们可以审时度势,寻找参考功能中未被涉足的领域参与其中,将会获得较大收益。更重要的是,该模式可为评价静脉产业园功能完备性提供依据。

三、四链协同关系

关于链与链之间的关系,学者们做了一些研究,但多数局限于某两个,最多三个链之间的关系探讨,很少关于产业链、创新链、服务链和资金链四链之间关系的阐述。静脉产业园是循环经济的重要组成部分和实施手段,它的发展除了需要产业链、创新链、资金链的支撑外,同样离不开服务链的支持。李武军和黄炳南(2010)等学者将服务链纳入低碳经济或循环经济发展研究的视野。吴军等(2012)建立电信增值业务服务链模型,研究电信运营商与服务提供商之间的投资合作机制。张胜等(2015)基于产业链与创新链融合视角构建新兴产业创新基地发展框架。徐研和赵阳(2016)认为,高风险专用性资本能够提高产业链中企业创新链的绩效。袁继新等(2016)认为,健康智慧产业包括产业链、创新链、资金链三个元素链,并以浙江智慧健康产业为例,研究这三个元素链的融合策略。江曼琦和梅林(2018)认为,产业发展离不开供需链、创新链、资金链、物流链四个基础链的支持和生态链的优化。本书认为,资金链和服务链支持科技创新和产业发展,同时科技创新也支撑产业发展,而产业发展反哺科技创新、服务支持和资金投入,构成产业链、创新链、服务链与资金链交融的互动机制。

根据前文关于四链内涵和功能的分析,静脉产业园产业链、创新链、服务链、资金链之间存在图 2-6 所示关系。两型社会建设的总体要求是资源节约和环境友好,在这一要求下,国家重视发展静脉产业。资源节约利用,综合利用,废弃物减量化、再利用和资源化,减少环境污染,实现经济和环境可持续,是静脉产业政策的总体要求。在静脉产业政策推动下,为了实现土地节约集约利用,物质和能量梯级利用,国家鼓励采用"园区化"发展模式。在静脉产业园建设与发展中,产业链需要资金链、服务链和创新链的支持,而产业链的发展又回馈于资金链、服务链和创新链。同时资金链也支持创新链和服务链的发展,并得到这两个链的反哺。创新链离不开服务链的支持。静脉产业园的发展,整体上将回馈于两型社会建设的总目标,反馈于静脉产业政策,反作用于政策调整。

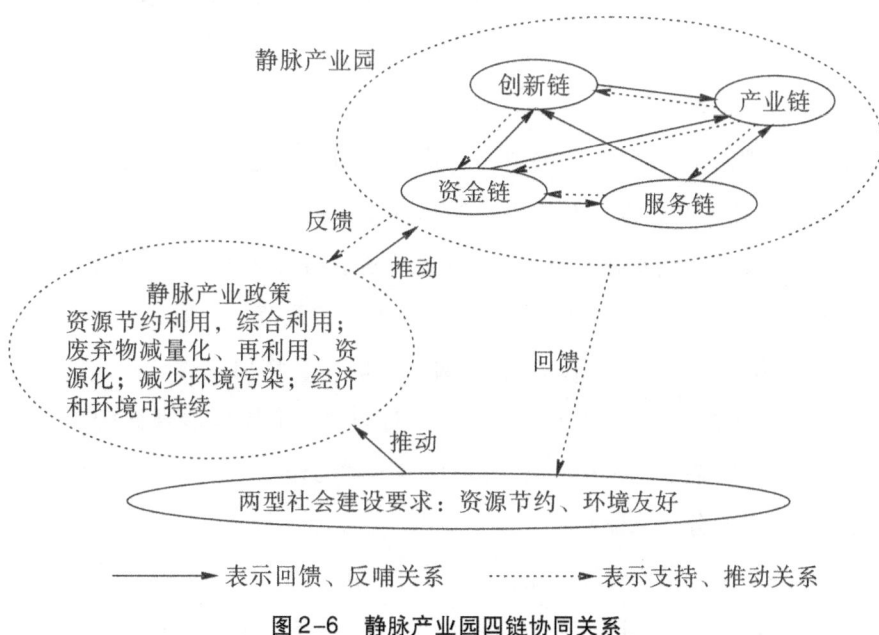

图 2-6 静脉产业园四链协同关系

四、四链协同范式及其证明

由上所述,静脉产业园是一个融产业链、创新链、服务链、资金链四个要素于一体的生态工业系统。静脉产业的发展,离不开产业链(industry chain)、创新链(innovation chain)、服务链(service chain)、资金链(capital chain)的协同支持,四个链构成一个协同支持框架,见图2-7。这四个链对静脉产业园的协同支持框架,能否同时成为一个科学研究范式? 本部分对此问题展开深入讨论。

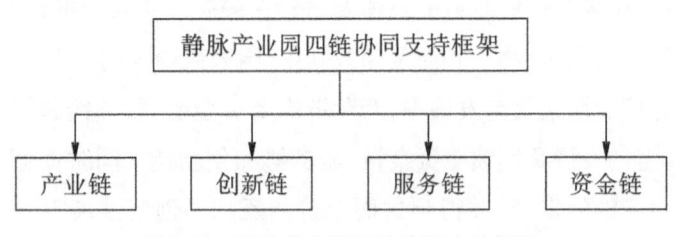

图2-7 静脉产业园四链协同支持框架

范式(paradigm)概念由美国哲学家Kuhn(1970)在《科学革命的结构》(The Structure of Scientific Revolutions)中提出,是库恩范式理论的核心。库恩认为,范式是科学工作者公认的模型或模式,是科学家集团所共同接受的一组假说、理论、准则和方法的总和。范式分为观念范式和规则范式两类。观念范式表达了研究人员对待事物的态度和价值取向,是科学研究的理论模式,称为理论范式或研究范式;规则范式是事物发展所遵守的规律、定律和过程,从实践上引导人们开展相关工作,称为实践范式。理论范式和实践范式都能指导研究者构建解决问题的模型和框架,都属于哲学范式。静脉产业园发展中的四链协同支持框架既是对静脉产业园发展规律的一种认识,也是研究问题的思路和方法,是否具有范式的作用,科学意义是什么,针对该问题,本部分加以证明。

命题:四链协同研究框架是一种科学研究范式。

这里采用由个别到一般的归纳证明方法,以高技术产业和现代城市发展研究为例归纳出一般意义上的四链协同研究框架。下面是命题的逻辑证明过程。

(一)高技术产业四链协同研究框架

在高技术产业研究方面,Yao(2004)把区域政策优势、创新条件与高新技术产业链纳入同一框架下研究高技术产业的空间创新分布问题,同时也讨论了产业资金和创新资金的来源问题,是将创新链、产业链、服务链和资金链融合在一起对高技术产业研究的典型应用。Chen 和 Huang(2004)对台湾高技术产业园区进行评价时,考虑了产业链与创新链、资金链、服务链的融合度,Kim(2009)研究日本 ICT 研发与全球竞争力问题时,对 ICT 产业链、技术研发、金融支持及政府服务之间新型协作体系进行深入探索,体现了产业链、创新链、资金链、服务链四链协同研究的思想。上述学者对产业发展的四链协同研究框架表明,产业链、创新链、资金链和服务链这四个链条具有紧密的联系,将这四个链条组合在一起研究高技术产业能够揭示并反映产业链、创新链、资金链和服务链对高技术产业发展的支持作用。

在高技术产业研究中,产业链、创新链、服务链和资金链四链协同研究框架已被科学界逐步接受,具备了在一定范围(高技术产业研究领域)内被公认的特点,可以成为学者研究高技术产业的纲领,是高技术产业研究的成功案例,且可以作为科学研究者采用的模式或方法,这使之具备了科学研究范式的特点。

(二)现代城市发展四链协同研究框架

在现代城市发展战略研究方面,李晓锋(2017)认为,产业链、创新链、服务链和资金链深度融合对优化天津市科技资源配置、深化创新驱动发展具有重要意义。但天津市 22 个细分产业的产业链上下游协作链条已经初步形成,技术创新研发链条上资源布局已经到位,但科技服务链条和服务能力尚未形成,资金链布局比较完善但对技术创新研发投资的支撑作用尚不明显,四个链条之间协同性差、整合力弱,需要四个链条深度融合,才能更好地促进天津市的经济发展。李晓锋对城市发展战略的四链协同研究框架表明,产业链、创新链、资金链和服务链这四个链具有紧密的联系,将这四个链组合在一起研究城市发展战略能够揭示并反映产业链、创新链、资金链和服务链对城市发展的支持作用。

在现代城市发展研究中,产业链、创新链、服务链和资金链四链融合框架已被科学界逐步接受,具备了在一定范围(城市发展领域)内被公认的特点,可以成为学者研究城市发展的纲领,是城市发展研究的成功案例,且可以作为科学研究者采用的模式或方法,这使之具备了科学研究范式的特点。

(三)四链协同研究框架是一种科学研究范式

纵观高技术产业研究和现代城市发展研究可以发现,两者有许多相通和一致的特点,即都考虑了产业链、创新链、服务链和资金链四链协同问题。这些共通和一致的特点值得归纳和抽象。一个科学研究框架,如果仅局限于某个狭窄领域内,其应用范围和科研价值会受到限制。如果站在科学高度,从观念和方法论视角概括其在更普遍领域的通用性和作用,其科学价值、应用价值及意义将会更大(张凯,2016)。基于这种思路,从高技术产业和现代城市发展研究的四链协同研究模式归纳得到一般意义上的关于产业链、创新链、服务链和资金链四链协同研究框架。作为抽象和通用的研究模式,四链协同研究框架已经具备了科学研究范式的特点:

(1)四链协同研究框架在高技术产业和现代城市研究领域已经被学者们接受,并有可能在更大范围被接受,已经具备了在一定范围被"公认"的特性。

(2)产业链、创新链、资金链和服务链组合起来构成四链协同研究框架可以作为科学研究的方法。

(3)无论是在高技术产业研究领域,还是现代城市发展研究领域,产业链、创新链、服务链和资金链四链协同研究框架已经是成功应用的案例,且可以成为科学研究的四链协同模式。

根据库恩范式的定义,四链协同研究框架是一种科学研究范式,称为"四链范式"。

结论:四链协同研究框架是一种科学研究范式。

四链协同科学研究范式的提出与证明为本书后续章节的研究奠定了理论基础、方法基础。本书后续章节对静脉产业的研究,正是以该四链范式为基础,提出了静脉产业的产业链、创新链、服务链和资金链四链功能及协同度评价模型、系统动力学模型及产业政策中四链协同与产业绩效关系模型。

五、四链的充分必要性

本部分内容讨论四链协同范式中链元素的充分必要性。通过查阅文献,学术界对相关"链"术语已经有较广泛和深入的探讨,主要涉及"产业链""企业链""空间链""价值链""供需链""产业生态链""供应链""物流链""创新链""知识链""资金链""服务链""政策链"等,下面逐个分析。

(1)产业链、企业链、空间链、价值链、供需链。孙坚强等(2016)认为,产业链是围绕某类产品生产,由不同企业协同完成不同部件或生产环节,形成的以骨干企业为核心并与上下游企业有技术经济联系的战略联盟。江曼琦和梅林(2018)等学者认为,产业链包括四个维度:企业链、空间链、价值链和供需链,产业链上下游企业(谓之"企业链")可能集聚在同一区域,也可能分布在不同地区(谓之"空间链"),从产业链始端到终端,产业环节的数量反映了产业层次的多少,体现了资源的加工深度(谓之"价值链"),反映了上下游企业间的供需关系和对终端需求的满足程度(谓之"供需链")。既然如此,产业链与其四个维度之间是一种主从关系,是不同层级的概念,因此,不能将产业链与企业链、空间链、价值链和供需链视为同级链讨论它们的协同关系。

(2)产业生态链。产业生态链是产业链的生态属性(江曼琦和梅林,2018),是从生态学角度讨论产业链各环节对资源和能源依赖程度以及整个产业链与自然环境的关系。产业链各环节都有对应的生态位,产业链上游环节的废物变成下游环节的原料或能源,形成副产品互换共生,物质和能量梯级利用、循环利用的生态链,提高了资源利用深度,降低了环境危害。据此,可以认为产业生态链从属于产业链,不能将产业生态链与产业链视为同级链讨论它们的协同关系。

(3)供应链、物流链。供应链是产品生产销售过程中将供应商、制造商、分销商直至最终用户联结成一个整体的功能网链结构,强调了产品从生产到消费整个过程上下游环节之间的供需关系。供需关系派生了物流、信息流和资金流。物流链由商品的运输路径及中转节点构成,即由包装、发货、分拣、货运站场、城市、运输枢纽、装卸、仓储、配送等物流环节构成。信息流包括供需信息、采购咨询、报价单、发货单、商业发票、应收应付等商务信息,有些学者将其称为商流或信息链。资金流是供应链上下游环节之间由商品交换或提供服务产生的收款付款过程。这里的资金流仅限于供应链企业之间的资金流动,它和物流链一样,是供应链的一个属性。本书认为,供应链上的资金流属于资金链的属性之一。供应链不仅存在于产业链内企业与企业之间,还存在于企业与消费者之间、产业链之间(比如,汽车产业与供电公司之间的电能供需关系)。以此逻辑,供应链与产业链之间关系复杂,相互交织,不能简单地将供应链与产业链并列起来讨论它们的协同关系。

(4)创新链和知识链。创新链是以满足某种需求为导向,创新主体自觉地或有组织地参与到知识创新活动中,形成衔接紧密的创新链条。创新主体一般包括高等院校、科研机构、企业研发部门、自然人等。创新过程一般要经历基础研究、应用研究、试验与发展、试制与改进四个环节。知识链既是创新的源泉,也是创新的结果,不少学者将知识链和创新链等同看待,本书将知识链视为创新链的一部分。理论、技术、产品的创新过程都符合创新的四阶段规律。就产品来说,从产品创新到产业化一般会有一个过程,应考虑产业化的可能性及经济、社会、环境效益。产品创新链催生产业链,产业链又为进一步创新创造实践条件和物质条件。因此,产业链和创新链之间不是从属关系,而是并行不悖的相互促进关系,可以将两者放在一起讨论它们之间的协同关系。

(5)资金链。袁继新等(2016)认为,资金链是指产品研发及产业化过程中由不同资金来源形成的资金链条。资金来源一般包括银行贷款、政府投资、企业投资和社会资本投入,属于广义的资金链。江曼琦和梅林(2018)则认为,资金链是资金从产业链需求端经由各生产环节流向供给端过程中形成的资金流动痕迹,包括资金回流及时性和流量大小。显然,后者是供应链资金流概念,是狭义的资金链,从属于广义的资金链。由此可见,资金链与产业链、创新链之间是并列的元素而非从属关系,可以讨论它们之间的协同关系。

(6)服务链。Combs等(2006)认为,服务链是依据客户服务需求、组织服务要素形成的有序服务系统。蔺雷等(2014)和王吉发等(2015)认为科技中介服务链是围绕创新链开展的链接和弥合创新环节之间断点的服务集合,包括信息服务、技术配套、技术研发外包、天使资金、风险投资服务等。

Malépart(1995)认为,生产性服务业从制造业分离出来,以提供智力型服务方式形成专业化服务产业,降低了制造业成本,实现了产业的规模效应,体现了分工对制造业生产率的提升效应。吴玉霞(2014)认为,公共服务链是由政府、服务机构、消费者构成的链状组织结构。上述学者关于科技中介服务、金融服务、生产性服务和公共服务的思想,表明服务链是与产业链、创新链并列的"链",但服务链是为产业链和创新链提供服务的。因此,服务链与产业链、创新链协同至关重要,是一个值得放在一个框架下讨论的元素。

(7)政策链。蒋海勇(2011)认为,政策链是政府或社会组织为了达成某种管理目标而制定的具有整体性、连贯性、层次性和增效性的一系列法律、制度和办法。国家为了达到产业发展目标,会制定一系列法律、制度、规范和实施办法,以激励或约束行为主体的经济活动。在维度上,可以将政策从政策效力、政策目标和政策措施三个方面考察政策的力度。其中政策目标和政策措施往往包括产业发展、创新支持、服务支持、资金投入四个方面,对产业链、创新链、资金链、服务链实践起到引导、推动、调节作用,决定着它们发展速度和成败。政策链与产业链、创新链、资金链、服务链关系复杂,不能简单地将政策链与这四个链视为同级链讨论它们的协同关系。

在剔除了概念相同(近)或具有从属关系的上下级链元素后,有且仅有产业链、创新链、资金链、服务链是并列的元素,构成了四链范式的充分必要链,不会有其他链元素加入或替代现有链元素。因此,四链协同范式中四个链元素是充分且必要的,同时也表明四链范式不能被其他范式代替。

第二节 四链功能评价体系

一、四链功能评价指标构建

为了实现资源充分利用、能量梯级利用和土地集约节约利用目的,在发展静脉产业过程中,政府倡导"园区化"发展模式,将从事静脉产业活动的企业集中在园区内发展。依据《静脉产业类生态工业园区标准(试行)》(HJ/T 275—2006)、《国家生态工业示范园区标准》(HJ 274—2015)和图 2-2 至图 2-5 对静脉产业园功能的解析,一个功能完善的静脉产业园区,就是整个静脉产业系统的缩影,应该具备图 2-2 至图 2-5 功能模型中涉及的各项功能。本节选择最有代表性的静脉产业园功能构建四链功能评价指标体系。假设静脉产业园区的产业链、创新链、服务链和资金链四个功能链分别表示为 A_1、A_2、A_3、A_4,功能链下面的一级功能表示为 B_i, $i=1,2,\cdots,12$,二级功能表示为 C_j, $j=1,2,\cdots,32$,则可以得到表 2-1 所示的静脉产业园四链功能评价指标。

表 2-1 静脉产业园四链功能评价指标

功能链	编码	一级功能	编码	二级功能	编码
产业链	A_1	废物回收与物流仓储	B_1	按废物类别回收	C_1
				物流仓储	C_2
				进一步分选	C_3
		废物直接再利用	B_2	二手商品交易平台	C_4
		废物资源化处理	B_3	物理处理	C_5
				化学处理	C_6
		再生资源开发利用	B_4	产品设计	C_7
				加工制造	C_8
		废物无害化处置	B_5	焚烧发电	C_9
				生物质化	C_{10}
				堆肥	C_{11}
				掩埋	C_{12}
创新链	A_2	管理创新	B_6	制度创新	C_{13}
				模式创新	C_{14}
		技术创新	B_7	新技术开发	C_{15}
				技术应用创新	C_{16}

续表 2-1

功能链	编码	一级功能	编码	二级功能	编码
服务链	A_3	公共事业服务	B_8	公用基础设施服务	C_{17}
				行政事业服务	C_{18}
				园区公共管理服务	C_{19}
		生产性服务	B_9	水、电、热供应	C_{20}
				咨询与评估	C_{21}
				鉴定与认证	C_{22}
				融资服务	C_{23}
				信息与技术服务	C_{24}
资金链	A_4	政府资金	B_{10}	政府直接投资	C_{25}
				政府补贴及减税	C_{26}
		企业资金	B_{11}	静脉企业追加投资	C_{27}
				供应链企业间资金流	C_{28}
				金融机构贷款	C_{29}
		社会资金	B_{12}	股权融资	C_{30}
				民间借贷	C_{31}
				创业投资	C_{32}

二、四链功能评价模型构建

(一)单个静脉产业园四链功能评价模型

第一步,请专家为每项二级功能打分。依据表 2-1 的功能评价指标,根据二级功能 C_i 有无和强弱,邀请多个专家给予 0~1 之间的分值。

第二步,计算每项二级功能 C_i 得分平均值。取多个专家打分的平均值 $\bar{x}_i$ 作为该功能的得分,见式(2-1)。

$$\bar{x}_i = \frac{1}{m}\sum_{k=1}^{m} x_{ik} \qquad (2-1)$$

式中:

$\bar{x}_i$——第 i 个二级功能 C_i 的多专家打分的平均值；

x_{ik}——第 i 个二级功能 C_i 的第 k 个专家的打分；

m——专家数量。

第三步，采用层次分析法（AHP）（见第一章）确定各级指标中每项功能的权重 w_i。

第四步，在二级功能 C_i 评价值基础上，逐层向上加权求和，得到一级功能 B_i 和功能链 A_i 的评价值。计算公式见式(2-2)。

$$X = \sum_{i=1}^{n} w_i x_i \qquad (2-2)$$

式中：

X——一级功能 B_i 或功能链 A_i 的加权算术平均得分；

w_i——一级功能 B_i 或功能链 A_i 的下一级子功能项的权重，$w_i \geq 0$，$\sum w_i = 1$；

n——一级功能 B_i 或功能链 A_i 的下一级子功能项的个数。

第五步，根据表 2-2 中 X 值所在区间，即可判断静脉产业园功能完善程度。

表 2-2 功能评价值与功能完善程度

X 值区间	[0,0.6)	[0.6,0.7)	[0.7,0.85)	[0.85,1]
功能完善程度	功能严重不足	功能不足	功能基本完善	功能很完善

（二）多个静脉产业园四链功能评价模型

当采用加权法同时对 s 个静脉产业园进行评价时，可采用功能评价矩阵进行运算。评价矩阵为式(2-3)。

$$(x_{O_1} \quad x_{O_2} \quad \cdots \quad x_{O_s}) = \begin{bmatrix} w_1 \\ w_2 \\ \vdots \\ w_m \end{bmatrix}^T \times \begin{bmatrix} x_{1_{O_1}} & x_{1_{O_2}} & \cdots & x_{1_{O_s}} \\ x_{2_{O_1}} & x_{2_{O_2}} & \cdots & x_{2_{O_s}} \\ \vdots & \vdots & \ddots & \vdots \\ x_{m_{O_1}} & x_{m_{O_2}} & \cdots & x_{m_{O_s}} \end{bmatrix} \qquad (2-3)$$

式中：

$(x_{O_1} \quad x_{O_2} \quad \cdots \quad x_{O_s})$ 为 s 个评价对象的评价值，$\begin{bmatrix} w_1 \\ w_2 \\ \vdots \\ w_m \end{bmatrix}^T$ 为 s 个评价对象

各分量权重的转置矩阵，$\begin{bmatrix} x_{1_{O_1}} & x_{1_{O_2}} & \cdots & x_{1_{O_s}} \\ x_{2_{O_1}} & x_{2_{O_2}} & \cdots & x_{2_{O_s}} \\ \vdots & \vdots & \ddots & \vdots \\ x_{m_{O_1}} & x_{m_{O_2}} & \cdots & x_{m_{O_s}} \end{bmatrix}$ 为 s 个评价对象各分量的

得分矩阵。

三、中国静脉产业园四链功能评价

(一) 样本选择与样本简况

本书采用非概率抽样方法，选择建园历史悠久，在国内具有一定影响力的静脉产业园进行实证分析。经讨论，本书选择天津子牙循环经济产业区（为表述简便，下称"天津子牙"）、西安高新技术产业开发区（"西安高新"）、朔州经开区静脉产业园（"朔州静脉"），利用上述模型进行园区功能完善状况实证评价。三个静脉产业园区概况见表2-3。

表 2-3　三个静脉产业园概况

	天津子牙	西安高新	朔州静脉
概况	2006年建园,规划面积49.34平方公里。重点发展废弃机电产品、废旧电子产品、报废汽车、橡塑加工、精深加工再制造、新能源等六大产业,每年向市场提供原材料铜45万吨、铝25万吨、铁30万吨、橡塑材料30万吨,其他材料20万吨。有大型公用工程岛,统一建设集污水处理、中水回用、雨水收集、废弃物处理等于一体的综合节能环保系统。设有再生资源研究所、循环经济科技研发中心和青少年循环经济教育培训基地。建有综合管理服务大厦,对各类建设项目集中审批、限时办理、一条龙服务。形成海关、检验检疫、环保、园区"四位一体"的联合监管体制。工业区、林下经济区、科研居住区"三区联动"	1991年建园,但其静脉产业子系统是近10年在制造业基础上发展起来的。静脉产业子系统不断发掘企业之间废物交换潜力,重点发展再制造产业,主要涉及废旧汽车零部件、工程机械、机床等,形成了法士特汽车传动集团"废旧变速器—再制造—产品"静脉产业链,美国康明斯公司"废旧发动机—再制造—产品"静脉产业链,西安高科环保科技有限公司"废有机溶剂—精馏—有机溶剂—精密电子行业"、"废蚀刻液—离子膜—铜粉"、"废硫酸—元明粉"等静脉产业链,西安金百泽电路科技有限公司碱性蚀刻液循环再生系统。依托西安交大等高等院校和区内大集团公司的科研实力,静脉产业子系统不断发展	2010年建园,规划面积1平方公里。园区以电厂排放的粉煤灰为起点,形成四层产业布局:第一层电厂排灰分选,细灰直接外送,颗粒灰园区内造粒。第二层粉煤灰陶粒制造项目。第三层粉煤灰陶粒产品生产项目。第四层粉煤灰高附加值产品生产项目。形成以"粉煤灰陶粒化"为主,兼顾煤矸石、脱硫石膏的资源化再生利用,兼具其他工业固废、城市垃圾、污水处理、大气污染治理、噪声治理的产业格局。园区与山西远视再生资源研究所、中国建科院、陕西科技大学等科研院所合作组建研发中心。对外提供项目设计、装备集成、技术研发、信息管理等服务。园区基础设施完备

续表2-3

	天津子牙	西安高新	朔州静脉
特点	除生活垃圾外固废、机电、电子、废有色金属、废钢铁、节能环保项目等为主,精深加工制造,基础设施完善,服务功能齐全,科研实力强	以区内机械制造业、电子工业企业、化工企业生产环节的废品回收处理和再利用、再制造为主,有强大的废品回收网络、再利用研发、服务功能	以火电废弃物粉煤灰再生利用为主,兼具煤矸石、脱硫石膏利用,陶粒制造和陶瓷产品制造,有研发功能和服务功能

资料来源:作者在调研基础上整理得到。

(二)功能权重确定

采用层次分析法构造判断矩阵,计算得到各功能权重,并进行一致性检验。结果表明,各判断矩阵的 CR 值均小于0.1,不一致程度在容许范围之内,有满意的一致性,权重值通过一致性检验。各功能权重见表2-4。

表2-4 静脉产业园四链功能权重

功能链	权重	一级功能	权重	二级功能	权重
产业链	0.386	废物回收与物流仓储	0.057	按废物类别回收	0.080
				物流仓储	0.188
				进一步分选	0.732
		废物直接再利用	0.073	二手商品交易平台	1.000
		废物资源化处理	0.388	物理处理	0.455
				化学处理	0.545
		再生资源开发利用	0.272	产品设计	0.415
				加工制造	0.585
		废物无害化处置	0.210	焚烧发电	0.428
				生物质化	0.052
				堆肥	0.175
				掩埋	0.345

续表 2-4

功能链	权重	一级功能	权重	二级功能	权重
创新链	0.214	管理创新	0.452	制度创新	0.753
				模式创新	0.247
		技术创新	0.548	新技术开发	0.638
				技术应用创新	0.362
服务链	0.127	公共事业服务	0.414	公用基础设施服务	0.417
				行政事业服务	0.263
				园区公共管理服务	0.320
		生产性服务	0.586	水、电、热供应	0.312
				咨询与评估	0.108
				鉴定与认证	0.114
				融资服务	0.286
				信息与技术服务	0.180
资金链	0.273	政府资金	0.278	政府直接投资	0.543
				政府补贴及减税	0.457
		企业资金	0.513	静脉企业追加投资	0.418
				供应链企业间资金流	0.332
				金融机构贷款	0.250
		社会资金	0.209	股权融资	0.152
				民间借贷	0.244
				创业投资	0.604

数据来源：作者依据层次分析法逐层计算得到。

(三) 功能评价

根据多个专家对每个产业园的每项二级功能打分，采用算术平均法计算得到每项二级功能的专家评分值，如表 2-5 所示。

表2-5 静脉产业园四链二级功能专家评分值

功能链	一级功能	二级功能	天津子牙	西安高新	朔州静脉
产业链	废物回收与物流仓储	按废物类别回收	0.90	0.95	0.85
		物流仓储	0.87	0.83	0.80
		进一步分选	0.93	0.9	0.85
	废物直接再利用	二手商品交易平台	1.00	0.8	0.85
	废物资源化处理	物理处理	1.00	1.00	0.90
		化学处理	1.00	1.00	0.75
	再生资源开发利用	产品设计	0.83	0.85	0.87
		加工制造	1.00	1.00	0.85
	废物无害化处置	焚烧发电	0.65	0.57	0.85
		生物质化	0.67	0.50	0.00
		堆肥	0.75	0.70	0.67
		掩埋	1.00	0.80	1.00
创新链	管理创新	制度创新	1.00	0.95	0.95
		模式创新	0.90	0.95	0.90
	技术创新	新技术开发	0.80	0.78	0.80
		技术应用创新	0.90	0.95	0.83
服务链	公共事业服务	公用基础设施服务	0.85	0.83	0.80
		行政事业服务	0.90	0.90	0.90
		园区公共管理服务	0.90	0.95	0.85
	生产性服务	水、电、热供应	1.00	1.00	1.00
		咨询与评估	0.75	0.51	0.60
		鉴定与认证	0.80	0.63	0.80
		融资服务	1.00	1.00	0.90
		信息与技术服务	0.80	0.65	0.70

续表 2-5

功能链	一级功能	二级功能	天津子牙	西安高新	朔州静脉
资金链	政府资金	政府直接投资	0.75	0.85	0.70
		政府补贴及减税	0.65	0.78	0.70
	企业资金	静脉企业追加投资	0.95	0.90	0.90
		供应链企业间资金流	0.85	0.80	0.80
		金融机构贷款	0.80	0.80	0.70
	社会资金	股权融资	0.25	0.20	0.20
		民间借贷	0.85	0.80	0.66
		创业投资	0.90	0.85	0.83

数据来源：表中数据为多个专家打分的平均值，取两位小数。

从二级功能向上，采用加权求和法，逐层计算得到一级功能、功能链、静脉产业园功能总体评价值，如表2-6。

表2-6 静脉产业园四链功能和一级功能评价值

功能链	一级功能	天津子牙	西安高新	朔州静脉
产业链	废物回收与仓储	0.916	0.891	0.841
	废物直接再利用	1.000	0.800	0.850
	废物资源化处理	1.000	1.000	0.818
	再生资源开发与利用	0.929	0.938	0.858
	废物无害化处置	0.789	0.668	0.826
	产业链评价值	0.932	0.893	0.834
创新链	管理创新	0.975	0.950	0.938
	技术创新	0.836	0.842	0.831
	创新链评价值	0.899	0.891	0.879
服务链	公共事业服务	0.879	0.887	0.842
	生产性服务	0.914	0.842	0.851
	服务链评价值	0.900	0.860	0.848

续表 2-6

功能链	一级功能	天津子牙	西安高新	朔州静脉
资金链	政府资金	0.704	0.818	0.700
	企业资金	0.879	0.842	0.817
	社会资金	0.879	0.824	0.776
	资金链评价值	0.831	0.831	0.776
园区功能总体评价值		0.893	0.871	0.827

根据表 2-2 定义的功能完善程度标准,三个静脉产业园四链功能完善程度如表 2-7 所示。

1. 产业链功能评价

由表 2-6 知,天津子牙、西安高新、朔州静脉的产业链功能评价值分别为 0.932 分、0.893 分、0.834 分,产业链功能完善程度分别为很完善、很完善、基本完善。在产业链的一级功能上,天津子牙在回收与仓储、直接再利用、资源化处理三个环节做得最好,原因可能是其规模大、产业配套完善,以处理废弃机电产品、电子产品、废旧汽车、废旧橡塑、精深加工、节能环保业为主,产业相关度高,容易实现集约化经营,材料和能源容易梯级利用、充分利用,并且有规模庞大的再生资源交易市场,实现了资源再生加工与市场的无缝对接。西安高新在废物回收与物流仓储环节次于天津子牙,但优于朔州静脉。西安高新虽然至少有 5 条静脉产业链,但它以机械加工固废、电子固废和化学工业废物再制造或再利用为主,与天津子牙更多的静脉产业链相比还是有欠缺,另外处理生活垃圾、餐厨垃圾静脉产业链功能较弱。朔州静脉在废物回收与仓储、废物资源化处理环节上功能最弱,原因可能是朔州静脉以承接火电厂粉煤灰处理与再利用、精深加工制造为主,经营的废物品种单一,材料来源单一。另外,其分选后的细料外运出去直接用于筑路,产业链功能完善程度稍逊色于西安高新。

表2-7 静脉产业园四链功能完善程度定性评价

功能链	天津子牙	西安高新	朔州静脉
产业链	很完善	很完善	基本完善
创新链	很完善	很完善	很完善
服务链	很完善	很完善	基本完善
资金链	基本完善	基本完善	基本完善
园区功能总体状况	很完善	很完善	基本完善

2. 创新链功能评价

由表2-6知,天津子牙、西安高新、朔州静脉的创新链评价值分别为0.899分、0.891分、0.879分,功能完善程度均为很完善。但三个静脉产业园在创新链功能上仍然存在差异。天津子牙的管理创新优于另外两个静脉园区,西安高新在技术创新方面优于另外两个。原因可能在于,西安高新依托西安交通大学、西北工业大学、西安电子科技大学等知名院校的科研实力,在创新方面有较多的优秀人才。天津子牙设有再生资源研究所和循环经济科技研发中心,朔州静脉与高校科研院所合作组建研发中心,他们都具有较强的自主创新能力。

3. 服务链功能评价

由表2-6知,天津子牙、西安高新、朔州静脉的服务链评价值分别为0.900分、0.860分、0.848分,天津子牙和西安高新的服务链功能均为很完善,朔州静脉为基本完善。天津子牙的公共基础设施服务、咨询与评估、融资服务、信息与技术服务做得最好,西安高新在咨询与评估、信息与技术服务方面做得也不错,但还有很大提升空间。原因可能是,天津子牙覆盖面积较大,整个行政区域就是一个大的静脉产业园,园区规模大,为了更好地服务于园区企业,政府高度重视公共服务配套设施建设,如综合管理、青少年循环经济教育培训基地、海关、检验检疫、环保等行政服务入住园区,对各类建设项目实行集中审批、限时办理、一条龙服务,同时还建有大型公用工程岛,统一建设集污水处理、中水回用、雨水收集、废弃物处理的一体化综合节能环保系统,提升了天津子牙园区公共基础设施服务能力。天津子牙产业园以经营废旧机电、电子、橡塑、有色金属、钢铁等产品为主,需要强大的信息服务能力和推广宣传能力,园区规模大,入驻企业多,人才交流、原材料、中间产品等信息交换需求多,园区内设立了各种信息交流平台和交易市场,为天津子牙创造了良好的信息服务环境。

4. 资金链功能评价

由表 2-6 知,天津子牙、西安高新、朔州静脉的资金链评价值分别为 0.831 分、0.831 分、0.776 分,三个静脉产业园的资金链功能均基本完善。但是天津子牙和西安高新静脉产业园规模大,产业链完善,产业相关度高,材料和能源在园区企业之间梯级利用,形成上下游供需关系,入驻企业多,园区自我造血功能强,对企业资金和社会资金的吸引力强,使其资金链功能优于朔州静脉。朔州静脉规模偏小,结构单一,对社会资金吸附能力有限。

5. 总体功能评价

由表 2-6 知,天津子牙、西安高新、朔州静脉的总体评价值分别为 0.893 分、0.871 分、0.827 分,总体上功能完善状态分别为很完善、很完善、基本完善。从产业园四链功能上看,天津子牙和西安高新只有资金链功能处于基本完善状态,其他三个链功能均为很完善,朔州静脉只有创新链功能处于很完善状态,其他三个链功能均处于基本完善状态。尽管天津子牙和西安高新静脉产业园资金链功能表现优于朔州静脉,但是从总体上看,与其他功能链相比,资金链功能是制约静脉产业园发展的主要因素。地方政府应当充分重视静脉产业园资金链功能的培育和发展,出台更有力的静脉产业资金支持政策,促进静脉产业园资金筹集和流动能力的提升。

第三节 四链协同度评价体系

一、四链协同度评价指标构建

(一)四链协同度评价指标的作用

静脉产业园四链协同度评价指标,作为反映静脉产业园发展支持要素协同程度的测度体系,具有如下作用:①描述作用。描述和反映一个时期静脉产业园四链协同水平和状态,为公众和相关决策部门提供参考。②评价作用。作为测度和评价静脉产业园四链协同水平的依据。③导向作用。利用指标体系引导政府、企业和公众加大对静脉产业园发展的支持。④预警作用。评价和监测一定时期内静脉产业园发展的支撑要素变化的趋势及速度,为静脉产业园建设和发展实践提供可能的决策方案。

(二)四链协同度评价指标的构建原则

1. 整体性与层次性原则

评价指标体系应比较全面地反映静脉产业园四链协同支持的特征,既要有反映主要特征和状态的指标,又要有反映系统动态变化和发展趋势的指标。并且,指标还要具有层次性,即:既要有高层次指标,又要有低层次指标,高层次指标是低层次指标的综合;低层次的指标是高层次指标的分解,也是高层次指标建立的基础。

2. 重要性与独立性原则

选择的指标对系统评价具有重要性,对评价值的贡献较大,是少数几个能够表征四链支持系统本质行为的最主要变量。并且,选择的指标应尽可能具有独立性,指标之间尽量避免信息重叠和冗余,确保评价的准确性和科学性。

3. 动态性与稳定性原则

静脉产业园四链协同既是目标又是过程,评价指标也可能随评价需求不同而变化,因此指标体系应具有动态调整的可能,以便及时反映静脉产业园四链协同支持发展的现状和未来趋势。但是,指标体系也不宜频繁变动,应确保一定时期内的相对稳定。

4. 经济社会和资源环境指标相结合的原则

评价指标的设计必须完整、深刻地体现"3R"要求,促进资源的高效利用、一次资源减量化投入水平、废物减量化产出水平、废物对环境影响的无害化水平,减轻环境承载和资源消耗的负荷,在发展经济的同时,不断改善居民的生产生活环境。

5. 科学性与实用性原则

评价指标体系权重系数的确定以及数据的选取、计算与合成等要以公认的科学理论与方法为依托，充分兼顾可操作性、实用性，力求完备、科学和准确。

(三)四链协同度评价指标的构建

根据以上构建原则，借鉴环境保护部2015年12月24日发布的《国家生态工业示范园区标准》(下称"标准")、《国家生态工业示范园区验收工作表》(下称"验收工作表")和调研访谈过程获取的相关资料，充分考虑静脉产业园四链协同支持的特点，结合经济社会发展的阶段性特征，本书将整个指标体系从产业发展能力、创新能力、服务能力和资金筹集及流动能力四个方面进行评价，这四个方面分别构成四个子系统，表示为 S_1、S_2、S_3、S_4，其中发展能力子系统 S_1 从产业链结构、经济发展、物质减量与循环利用、污染控制、园区管理5个维度予以刻画，构成产业发展能力的5个一级指标。创新能力子系统 S_2 从创新投入、创新产出2个维度予以体现，构成创新能力的2个一级指标。服务能力子系统 S_3 选取公共服务能力、生产服务能力2个一级指标。资金筹集及流动能力子系统 S_4 选取资金筹集能力和资金周转能力2个一级指标。在以上11个一级指标之下，分别设置2个二级指标(共22个)，如表2-8所示。其中10个二级指标对应于产业发展能力子系统 S_1，分别以 S_{1i} 表示，$i=1,2,\cdots,10$。4个二级指标对应于创新能力子系统 S_2，分别以 S_{2j} 表示，$j=1,2,3,4$。4个二级指标对应于服务能力子系统 S_3，分别以 S_{3k} 表示，$k=1,2,3,4$。4个二级指标对应于资金筹集及流动能力子系统 S_4，分别以 S_{4l} 表示，$l=1,2,3,4$。

表 2-8 静脉产业园四链协同度评价指标

子系统	一级指标	二级指标	编码	依据	指标含义、数据来源
S_1 产业发展能力子系统	产业链结构	生态工业链条数	S_{11}	R	依据调研访谈数据设立
		生态工业链平均长度	S_{12}	R	依据调研访谈数据设立,生态工业链的节点数
	经济发展	人均工业增加值	S_{13}	B	园区工业增加值/园区就业人数,调研数据
		单位用地工业增加值	S_{14}	B	园区工业增加值/园区工业用地,调研数据
	物质减量与循环利用	单位工业增加值固废产生量	S_{15}	B	园区内固废产生量/园区工业增加值,调研数据
		工业固体废物综合利用率(%)	S_{16}	B	综合利用量/园区内和园区外运入固废量,调研数据
	污染控制	废物收集和集中处理处置能力	S_{17}	R	年收集和处理废物的能力,调研数据
		生活垃圾无害化处理率(%)	S_{18}	R	无害处置量/生活垃圾总量,调研访谈
	园区管理	生态工业信息平台的完善度(%)	S_{19}	B	调研数据
		公众对生态工业的认知率(%)	S_{110}	B	调研数据
S_2 创新能力子系统	创新投入	从事科研活动人员数	S_{21}	R	调研数据
		科技活动经费投入	S_{22}	R	调研数据
	创新产出	科技活动课题数	S_{23}	R	调研数据
		专利申请数	S_{24}	R	调研数据
S_3 服务能力子系统	公共服务能力	公共设施完善程度	S_{31}	R	考查和调研数据
		公共服务便利程度	S_{32}	R	考查和调研数据
	生产服务能力	生产性服务企业入驻数量	S_{33}	R	调研数据
		生产性服务业从业人数	S_{34}	R	调研数据

续表 2-8

子系统	一级指标	二级指标	编码	依据	指标含义、数据来源
S_4 资金筹集及流动能力子系统	资金筹集能力	园区企业平均资产负债率	S_{41}	R	总负债/总资产,调研数据
		园区企业平均流动比率	S_{42}	R	流动资产总额/流动负债总额,调研数据
	资金周转能力	园区企业流动资金周转次数	S_{43}	R	周转额/流动资金平均占用额,调研数据
		园区企业资本周转率	S_{44}	R	销售收入/股东权益平均金额×100%,调研数据

注:在"依据"列中,B 表示指标设置依据"标准"和"验收工作表"设立,R 表示依据调研访谈数据资料设立。

二、四链协同度评价模型构建

静脉产业园产业链、创新链、服务链和资金链四链协同过程,是一个由四个链条对应的四种能力(产业发展能力、创新能力、服务能力、资金筹集及流动能力)子系统构成的复杂系统 $S = f(S_1, S_2, S_3, S_4)$,各个子系统在静脉产业园四链系统演化过程中不断进行协同作用,度量这种协同作用程度的变量就是协同度,通过协同作用产生和谐一致的状态就是各要素链的协同性。系统在稳定状态的临界点处存在慢弛豫和快弛豫两种变量,但是维持系统稳定状态时间长短的是慢弛豫变量,它被称为序参量。在静脉产业园四链协同的复杂过程中,系统从无序到有序、从低效到高效的关键机理在于序参量之间的协同作用。

假设静脉产业园四链协同系统在演化过程中序参量为 $S_i^{(t)}$(即 S_i 为时间 t 的函数),$i \in [1, m]$,m 为序参量个数,$m > 1$,$S_i^{(t)}$ 的分量用 $S_{ij}^{(t)}$ 表示,$j \in [1, n]$,n 为序参量分量的个数,$n > 1$。在本书中,序参量 $S_i^{(t)}$ 对应于四个能力子系统,因此,$i = 1, 2, 3, 4$。$S_{ij}^{(t)}$ 为 $S_i^{(t)}$ 下面的二级指标,j 表示二级指标的个数。一级指标作为过渡指标不参与计算。序参量 $S_i^{(t)}$ 与其分量

$S_{ij}^{(t)}$ 的关系可以表示为 $S_i^{(t)} = f(S_{i1}^{(t)}, S_{i2}^{(t)}, \cdots, S_{in}^{(t)})$。由于协同度研究的是序参量在 $t \in [t_0, t_l]$ 时间范围内复合系统的演进情况,时间区间是以年度为分隔点的离散序列,则 $S_{ij}^{(t)}$ 的值可以表示为一个时间序列值 $\{S_{ij}^{(t)}\}$。协同度计算一般经历下面三个过程。

(一)序参量分量的有序度

假设 α_{ij} 和 β_{ij} 分别为序参量分量 $S_{ij}^{(t)}$ 的下限和上限(依据具体指标的经济意义及业界公认标准设定),在本书中,$\alpha_{ij} = min(S_{ij}^{(t)})$,$\beta_{ij} = max(S_{ij}^{(t)})$,$\alpha_{ij} \leqslant S_{ij}^{(t)} \leqslant \beta_{ij}$。序参量分量中有正向指标和负向指标,如表 2-8 中,"单位工业增加值固废产生量"属于负向指标,其他均为正向指标。正向指标使系统有序度随着其值增大而增加,负向指标使系统有序度随着其值增大而降低。不失一般性,假定 $S_{i1}, S_{i2}, \cdots, S_{ih}$ 为正向指标,其取值越大,系统有序度越高;$S_{ih+1}, S_{ih+2}, \cdots, S_{in}$ 为负向指标,其取值越大,系统有序度越低。借鉴贾军等(2013)、武淑萍和于宝琴(2016)、郑季良和张亚(2017)、王晓亚(2017)等学者对序参量分量有序度的测度方法,本书对静脉产业园四链协同系统序参量分量有序度做如下定义。

定义1 式(2-4)为序参量分量 $S_{ij}^{(t)}$ 的有序度:

$$O_{ij}^{(t)}(S_{ij}^{(t)}) = \begin{cases} \dfrac{S_{ij}^{(t)} - \alpha_{ij}}{\beta_{ij} - \alpha_{ij}}, j \in [1, h] \\ \dfrac{\beta_{ij} - S_{ij}^{(t)}}{\beta_{ij} - \alpha_{ij}}, j \in [h+1, n], \end{cases} \quad (2-4)$$

由式(2-4)可知,$O_{ij}^{(t)}(S_{ij}^{(t)}) \in [0, 1]$,其值越大,$S_{ij}^{(t)}$ 对序参量有序度的贡献越大。

(二)序参量的有序度

序参量的有序度可以通过集成其分量 $S_{ij}^{(t)}$ 的有序度 $O_{ij}^{(t)}(S_{ij}^{(t)})$ 来实现,借鉴贾军等(2013)、武淑萍和于宝琴(2016)、郑季良和张亚(2017)、王晓亚(2017)等学者对序参量有序度的测度方法,本书对静脉产业园四链协同系统序参量有序度采用线性加权求和法进行度量。于是,有如下定义:

定义2 式(2-5)为序参量 $S_i^{(t)}$ 的有序度:

$$O_i^{(t)}(S_i^{(t)}) = \sum_{j=1}^n w_{ij} \cdot O_{ij}^{(t)}(S_{ij}^{(t)}) \qquad (2-5)$$

式中：

$O_i^{(t)}(S_i^{(t)})$ ——序参量 $S_i^{(t)}$ 的有序度；

j ——序参量 $S_i^{(t)}$ 的分量个数；

w_{ij} ——序参量 $S_i^{(t)}$ 的分量 $S_{ij}^{(t)}$ 的权重，权重的确定采用前一章介绍的熵权法，$w_{ij} \geq 0$ 且 $\sum_{j=1}^n w_{ij} = 1$；

$O_{ij}^{(t)}(S_{ij}^{(t)})$ ——序参量 $S_i^{(t)}$ 的分量 $S_{ij}^{(t)}$ 的有序度。

由式（2-5）可知，$O_i^{(t)}(S_i^{(t)}) \in [0,1]$，其值越大，$S_i^{(t)}$ 对系统有序度的贡献越大，反之越小。

（三）四链协同系统的协同度

静脉产业园四链协同系统的协同度，是指静脉产业园产业链的产业发展能力、创新链的创新能力、服务链的服务能力、资金链的资金筹集及流动能力之间相互和谐一致的程度，表征了静脉产业园在发展过程中从无序到有序的趋势与程度。

假设在时刻 t_0 静脉产业园产业发展能力子系统的有序度为 $O_1^{t_0}(S_1^{t_0})$，创新能力子系统的有序度为 $O_2^{t_0}(S_2^{t_0})$，服务能力子系统的有序度为 $O_3^{t_0}(S_3^{t_0})$，资金筹集及流动能力子系统的有序度为 $O_4^{t_0}(S_4^{t_0})$，在时刻 t_1 产业发展能力子系统的有序度为 $O_1^{t_1}(S_1^{t_1})$，创新能力子系统的有序度为 $O_2^{t_1}(S_2^{t_1})$，服务能力子系统的有序度为 $O_3^{t_1}(S_3^{t_1})$，资金筹集及流动能力子系统的有序度为 $O_4^{t_1}(S_4^{t_1})$。借鉴贾军等（2013）、武淑萍和于宝琴（2016）、郑季良和张亚（2017）、王晓亚（2017）等学者对复杂系统协同度的测度方法，本书对静脉产业园四链系统的协同度做如下定义。

定义3 式（2-6）为静脉产业园四链在 $[t_0, t_1]$ 期间的协同度：

$$C = \lambda \cdot \sqrt[4]{\prod_{i=1}^4 | O_i^{t_1}(S_i^{t_1}) - O_i^{t_0}(S_i^{t_0}) |} \qquad (2-6)$$

式中：

$\lambda = \dfrac{min_i[O_i^{t_1}(S_i^{t_1}) - O_i^{t_0}(S_i^{t_0})]}{|min_i[O_i^{t_1}(S_i^{t_1}) - O_i^{t_0}(S_i^{t_0})]|}$，$O_i^{t_1}(S_i^{t_1}) - O_i^{t_0}(S_i^{t_0}) \neq 0$，当 $O_i^{t_1}(S_i^{t_1}) -$

$O_i^{t_0}(S_i^{t_0}) > 0$ 时,表明各子系统在 $[t_0,t_1]$ 期间发展方向一致,系统处于有序状态,此时 $\lambda = 1$。当 $O_i^{t_1}(S_i^{t_1}) - O_i^{t_0}(S_i^{t_0}) < 0$ 时,表明各子系统在 $[t_0,t_1]$ 期间发展方向不一致,系统处于无序状态或不协同状态,此时 $\lambda = -1$。显然 $C \in [-1,1]$,其值越大,静脉产业园四链协同系统的协同度就越高,反之则越低。

三、协同度评价体系应用方法

依据前述内容,四链协同度评价体系应用方法可归纳为以下几个步骤。

(1) 根据所评价的复杂系统,构建评价指标。
(2) 确定系统的序参量及其分量。
(3) 确定研究的时间范围,围绕评价指标收集时间序列数据,整理数据。
(4) 依据式(2-4)计算序参量分量的有序度。
(5) 依据式(2-5)计算序参量的有序度。
(6) 依据式(2-6)计算复杂系统的协同度。
(7) 依据计算结果,对系统的协同度做出评价。

四、中国静脉产业园四链协同度评价

本部分以天津子牙经济技术开发区(简称"天津子牙")和西安高新技术产业开发区(简称"西安高新")为例,借助前两节构建的四链协同评价体系和协同度测度模型,实证分析两个开发区内静脉产业系统四链协同演进路径。

天津子牙经济技术开发区是 2006 年国家发展和改革委员会、国土资源部批准的省级开发区之一,2012 年国务院批准天津子牙循环经济产业区升级为国家级经济技术开发区。开发区位于天津市静海区西南部,作为全国第一家以循环经济为主导产业的国家级经济技术开发区,秉持循环、低碳、绿色的发展理念,坚持创新驱动,以静脉产业为主导,重点发展再生资源、精深加工再制造和节能环保新能源等产业,从再生原料供应基地转型为"废物回收—拆解处理—再制造与深加工—制造业"基地,实现了产品相互支撑,产业链延伸,形成了静脉产业促进和反哺动脉产业的发展格局,在京津冀协同发展和服务雄安新区建设等区域废旧物资循环利用、环境污染防治中发挥了重要作用,为全国循环经济产业发展提供了示范。先后被国家发改委、财政部、工信部和环保部等批准为"国家'城市矿产'示范基地""国家新型工业化产业示范基地""国家级废旧电子信息产品回收拆解处理示范基地""国家循环经济试点园区""国家循环经济教育示范基地"等。2016年,开发区完成地区生产总值41.14亿元,同比增加10.1%,工业总产值184.2亿元,同比增长5.6%,工业增加值37.16亿元,同比增长9.5%。

天津子牙经济技术开发区围绕废旧机电、报废汽车、废弃电器电子、废橡塑及精深加工再制造等主导产业,不断发掘产业之间废物交换的潜力,积极寻找企业再生产品在行业内部及外部资源化利用途径,促成有意向企业相互交换利用废物,横向拓展产业链,建立区内产业共生网络。如"电子废物拆解—废旧机电拆解/废塑料再生"共生体、"废旧机电拆解—废塑料再生"共生体、"报废汽车拆解—精深加工再制造"共生体、"废旧机电拆解—精深加工再制造"共生体、"废塑料—精深加工再制造"共生体。除了行业之间的共生链条,开发区还建立起了"废物回收—拆解加工—再生资源交易—再生产品加工"的产业之间共生链,在废物回收环节,开发区利用国内国外两个市场,利用国外市场进口废旧机电和废塑料,利用国内回收点、"回收哥"、"百度回收站"等网络回收报废汽车、废家电、废塑料,有效保障了原料来源。废物经拆解加工产生铜、铁、铝、塑料、零部件等再生资源,进入子牙再生资源交易市场进行交易,在区内经深加工制造出再生产品,提升了加工深度和产品附加值。

西安高新技术产业开发区是1991年3月经国务院批准设立的首批国家级高新技术产业开发区,位于西安市区西南部。近年来,高新区积极实施"科技引领、环境提升、产业聚焦、板块突破"四大工程,形成了电子信息、先进制造、生物医药、现代服务业四大主导产业,大力发展了新一代信息技术、物联网、卫星应用、太阳能光伏和半导体照明等战略性新兴产业,不断发掘企业之间废物交换潜力,构建多条静脉产业链网。针对区内先进制造企业众多的特点,高新区重点发展了再制造产业,主要涉及废旧汽车零部件、工程机械、机床等。陕西法士特汽车传动集团依托强大的科研基础、旧件回收网络,建设了变速器再制造项目,形成了"废旧变速器—再制造—产品"静脉产业链。法士特变速箱市场保有量超过 300 万台,给再制造项目提供了大量可供回收的原材料。同时法士特专属的 1300 家售后服务点,为旧件返回原厂提供了稳定的渠道。据计算,制造一台变速器需要几百公斤的钢铁,如果每年有 1% 的旧产品投入再制造并获得使用,可以节省几千吨钢材。美国康明斯公司发动机再制造中心项目的成功引进,形成"废旧发动机—再制造—产品"静脉产业链,促进了先进制造企业的集群聚集,进一步完善再制造产业链网。

高新区内电子信息企业众多,生产加工过程中会产生较多废酸、废碱、废有机溶剂等危险废物。为解决这一问题,高新区于 2013 年引进了专业化危险废物处置及再生利用企业——西安高科环保科技有限公司,实现了工业危险废物在区内处理和回收再利用。该公司的有机溶剂精制回收技术和废酸、废液处理再生技术达到世界领先水平,能够处理区内信泰电子等电子信息企业产生的危险废物,形成了"废有机溶剂—精馏—有机溶剂—精密电子行业""废蚀刻液—离子膜—铜粉""废硫酸—元明粉"等静脉产业链。此外,西安金百泽电路科技有限公司于 2012 年建设了碱性蚀刻液循环再生系统,设计年处理蚀刻废液生产能力 135 吨,蚀刻废液经碱性刻液循环系统再生、调配后全部回用于蚀刻生产线。

(一)数据来源

本部分实证数据来源有以下几个方面:①两个开发区管委会网站上的公开数据;②管委会下属负责工业信息、环保管理、科技、商务等部门的年度报表;③国家生态环境部网站上的国家生态工业示范园区资料核查及验收工作表;④国家生态工业示范园区建设年度评价报告信息公开表;⑤通过上述途径仍然找不到的数据,如生态工业信息平台完善程度、资产负债率、流动比率、流动资金周转次数、资本周转率等指标数据,采用实地走访方式,由管委会工作人员推荐园区内若干典型企业,对其进行访谈调研获得。

(二)数据处理

1. 数据标准化

天津子牙和西安高新两个开发区静脉产业园四链协同指标数据标准化

如表 2-9 和表 2-10 所示。

表 2-9　标准化后的天津子牙静脉产业园四链协同指标数据标准化

年份	S_{11}	S_{12}	S_{13}	S_{14}	S_{15}	S_{16}	S_{17}	S_{18}	S_{19}	S_{110}	S_{21}
2006	0.000	0.000	0.026	0.016	0.118	0.139	0.000	0.100	0.000	0.173	0.042
2007	0.100	0.000	0.073	0.080	0.353	0.235	0.000	0.100	0.250	0.286	0.074
2008	0.100	0.333	0.162	0.086	0.412	0.281	0.133	0.200	0.250	0.529	0.147
2009	0.200	0.333	0.251	0.086	0.608	0.444	0.133	0.200	0.500	0.571	0.189
2010	0.200	0.333	0.309	0.179	0.608	0.549	0.267	0.300	0.500	0.571	0.242
2011	0.500	0.667	0.393	0.252	0.627	0.609	0.267	0.400	0.750	0.571	0.295
2012	0.600	0.667	0.576	0.279	0.627	0.677	0.333	0.500	0.750	0.629	0.368
2013	0.600	0.667	0.597	0.290	0.667	0.677	0.467	0.600	0.900	0.714	0.537
2014	0.700	1.000	0.764	0.327	0.765	0.925	0.667	0.800	0.900	0.714	0.632
2015	0.800	1.000	0.901	0.584	0.902	0.995	0.867	0.900	1.000	0.900	0.800
2016	1.000	1.000	1.000	1.000	1.000	1.000	1.000	1.000	1.000	1.000	1.000

年份	S_{22}	S_{23}	S_{24}	S_{31}	S_{32}	S_{33}	S_{34}	S_{41}	S_{42}	S_{43}	S_{44}
2006	0.203	0.043	0.119	0.000	0.000	0.136	0.102	0.143	0.000	0.100	0.000
2007	0.264	0.106	0.143	0.182	0.154	0.182	0.193	0.143	0.200	0.300	0.125
2008	0.312	0.191	0.190	0.364	0.154	0.318	0.345	0.190	0.200	0.350	0.375
2009	0.351	0.340	0.333	0.364	0.308	0.364	0.447	0.238	0.300	0.400	0.500
2010	0.434	0.468	0.381	0.545	0.308	0.500	0.503	0.286	0.360	0.400	0.500
2011	0.486	0.511	0.429	0.673	0.462	0.500	0.621	0.286	0.600	0.500	0.625
2012	0.577	0.596	0.500	0.673	0.462	0.636	0.752	0.381	0.800	0.700	0.625
2013	0.654	0.660	0.619	0.727	0.615	0.682	0.783	0.524	0.800	0.800	0.750
2014	0.742	0.766	0.714	0.818	0.769	0.773	0.832	0.619	0.900	0.900	0.750
2015	0.857	0.809	0.881	0.909	0.923	0.773	0.907	0.762	0.960	0.900	0.875
2016	1.000	1.000	1.000	1.000	1.000	1.000	1.000	1.000	1.000	1.000	1.000

表 2-10　标准化后的西安高新静脉产业园四链协同指标数据标准化

年份	S_{11}	S_{12}	S_{13}	S_{14}	S_{15}	S_{16}	S_{17}	S_{18}	S_{19}	S_{110}	S_{21}
2006	0.167	0.000	0.045	0.100	0.150	0.139	0.000	0.182	0.286	0.230	0.032
2007	0.167	0.200	0.111	0.152	0.333	0.235	0.067	0.182	0.429	0.286	0.086
2008	0.333	0.400	0.196	0.196	0.467	0.331	0.133	0.273	0.429	0.529	0.108
2009	0.333	0.400	0.281	0.302	0.583	0.444	0.133	0.273	0.571	0.571	0.151
2010	0.500	0.600	0.337	0.361	0.667	0.549	0.200	0.364	0.571	0.600	0.194
2011	0.500	0.600	0.497	0.429	0.683	0.609	0.267	0.455	0.714	0.614	0.280
2012	0.500	0.800	0.593	0.472	0.717	0.677	0.333	0.545	0.714	0.629	0.355
2013	0.833	0.600	0.613	0.491	0.767	0.771	0.467	0.636	0.857	0.714	0.527
2014	0.833	1.000	0.774	0.549	0.800	0.925	0.667	0.818	0.857	0.814	0.688
2015	1.000	1.000	0.905	0.694	0.917	0.995	0.867	0.909	1.000	0.900	0.828
2016	1.000	1.000	1.000	1.000	1.000	1.000	1.000	1.000	1.000	1.000	1.000

年份	S_{22}	S_{23}	S_{24}	S_{31}	S_{32}	S_{33}	S_{34}	S_{41}	S_{42}	S_{43}	S_{44}
2006	0.101	0.041	0.091	0.091	0.077	0.069	0.038	0.143	0.500	0.125	0.111
2007	0.207	0.102	0.136	0.182	0.154	0.121	0.100	0.143	0.500	0.250	0.222
2008	0.279	0.143	0.227	0.273	0.231	0.190	0.156	0.190	0.667	0.313	0.333
2009	0.391	0.286	0.295	0.364	0.308	0.310	0.384	0.238	0.667	0.375	0.444
2010	0.503	0.408	0.364	0.545	0.308	0.379	0.446	0.286	0.700	0.375	0.556
2011	0.555	0.510	0.432	0.636	0.462	0.448	0.578	0.286	0.717	0.375	0.667
2012	0.648	0.592	0.545	0.727	0.538	0.569	0.647	0.381	0.750	0.625	0.667
2013	0.726	0.694	0.636	0.818	0.615	0.655	0.758	0.524	0.750	0.750	0.722
2014	0.785	0.776	0.773	0.818	0.846	0.724	0.813	0.619	0.800	0.875	0.778
2015	0.877	0.898	0.864	0.909	0.923	0.879	0.896	0.762	0.867	0.875	0.944
2016	1.000	1.000	1.000	1.000	1.000	1.000	1.000	1.000	1.000	1.000	1.000

2. 四链协同度指标权重确定

依据熵权法，天津子牙和西安高新两个开发区静脉产业园四链协同指标权重计算结果如表 2-11 和表 2-12 所示。

表2-11 天津子牙静脉产业园四链协同指标权重

S_{11}	S_{12}	S_{13}	S_{14}	S_{15}	S_{16}	S_{17}	S_{18}	S_{19}	S_{110}	S_{21}
0.1230	0.1161	0.1095	0.1445	0.0540	0.0666	0.1533	0.0975	0.0845	0.0510	0.3352
S_{22}	S_{23}	S_{24}	S_{31}	S_{32}	S_{33}	S_{34}	S_{41}	S_{42}	S_{43}	S_{44}
0.1719	0.2581	0.2348	0.2578	0.3283	0.2034	0.2104	0.2561	0.2933	0.2008	0.2498

表2-12 西安高新静脉产业园四链协同指标权重

S_{11}	S_{12}	S_{13}	S_{14}	S_{15}	S_{16}	S_{17}	S_{18}	S_{19}	S_{110}	S_{21}
0.0953	0.1114	0.1264	0.1027	0.0684	0.0862	0.1882	0.0972	0.0604	0.0638	0.3385
S_{22}	S_{23}	S_{24}	S_{31}	S_{32}	S_{33}	S_{34}	S_{41}	S_{42}	S_{43}	S_{44}
0.1825	0.2585	0.2206	0.2149	0.2545	0.2578	0.2728	0.3382	0.1285	0.2787	0.2546

3. 四链子系统有序度和四链复合系统协同度

依据公式(2-5)和(2-6)计算得到天津子牙和西安高新两个开发区静脉产业园四链能力有序度和四链复合系统协同度,如表2-13和表2-14所示。

表2-13 天津子牙静脉产业园四链能力有序度和四链复合系统协同度

年份	S_1有序度	S_2有序度	S_3有序度	S_4有序度	四链协同度
2006	0.0393	0.0880	0.0493	0.0567	0.0557
2007	0.1120	0.1310	0.1749	0.1867	0.0846
2008	0.2102	0.1972	0.2815	0.2714	0.0875
2009	0.2770	0.2899	0.3629	0.3542	0.0804
2010	0.3338	0.3660	0.4492	0.3840	0.0578
2011	0.4652	0.4147	0.5574	0.5057	0.0958
2012	0.5288	0.4938	0.6126	0.6289	0.0765
2013	0.5821	0.6079	0.6929	0.7168	0.0810
2014	0.7287	0.7046	0.7958	0.7906	0.1018
2015	0.8635	0.8310	0.8855	0.8760	0.1069
2016	1.0000	1.0000	1.0000	1.0000	0.1345

表 2-14　西安高新静脉产业园四链能力有序度和四链复合系统协同度

年份	S_1 有序度	S_2 有序度	S_3 有序度	S_4 有序度	四链协同度
2006	0.1037	0.0599	0.0673	0.1757	0.0925
2007	0.1851	0.1233	0.1367	0.2388	0.0690
2008	0.2928	0.1744	0.2087	0.3220	0.0758
2009	0.3437	0.2612	0.3412	0.3838	0.0775
2010	0.4328	0.3430	0.4151	0.4325	0.0715
2011	0.4974	0.4231	0.5274	0.4630	0.0649
2012	0.5666	0.5116	0.6165	0.5691	0.0873
2013	0.6401	0.6306	0.7081	0.6664	0.0939
2014	0.7882	0.7470	0.7997	0.7540	0.1085
2015	0.9101	0.8629	0.9015	0.8534	0.1093
2016	1.0000	1.0000	1.0000	1.0000	0.1155

(三) 四链协同度演进分析

根据以上计算结果,绘制两个开发区静脉产业园四链有序度演进趋势图,见图2-8、图2-9。可以看出,总体上,在2006—2016年天津子牙和西安高新两个开发区静脉产业园产业发展能力子系统、创新能力子系统、服务能力子系统、资金筹集及流动能力子系统有序度均呈上升趋势。

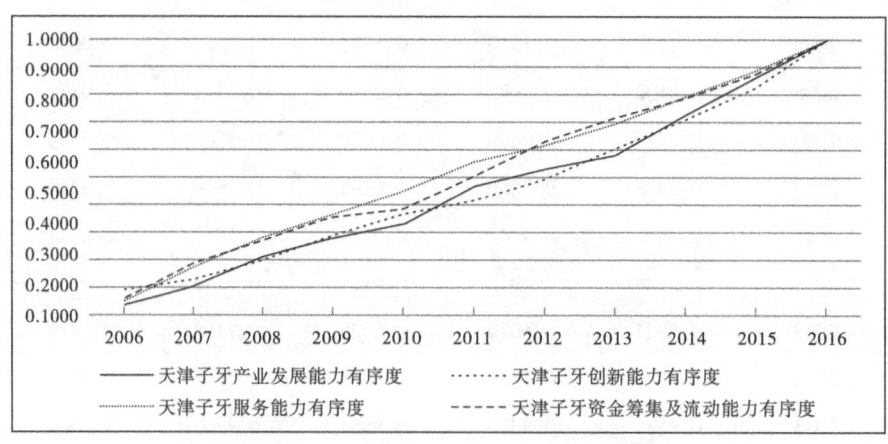

图 2-8　天津子牙四链有序度演进图

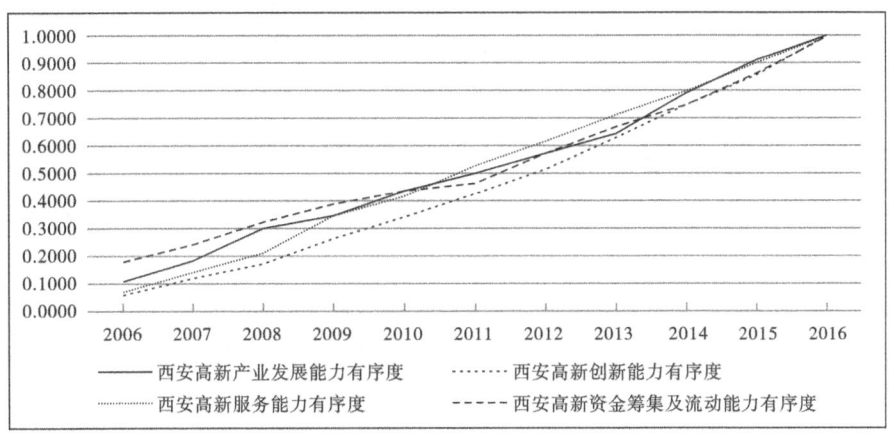

图2-9　西安高新四链有序度演进图

就四链复合系统的整体协同度而言,如图2-10所示,协同度处于0~0.2范围内的平稳上升水平。在2012年以前,天津子牙在0.0557~0.1345范围内反复震荡,西安高新在0.0649~0.1155范围内反复震荡,前者震荡频率和幅度均高于后者,这说明在2012年之前,复合系统中各功能链在能力发展上,天津子牙的不均衡程度和变化速度均高于西安高新。在2012年之后,两个开发区静脉产业园四链复合系统协同度基本上呈平稳上升趋势,而且在2012—2015年西安高新静脉产业园四链复合系统协同度高于天津子牙,但2015年后天津子牙的协同度迅速提升,超越西安高新。

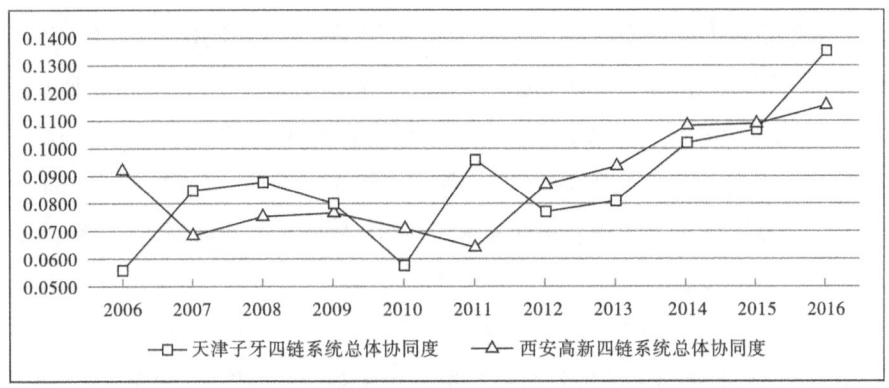

图2-10　天津子牙和西安高新四链复合系统协同度演进比较

什么原因造成两个园区四链复合系统协同度有如此大的差异呢？需要从四种能力的有序度分别考查。就产业发展能力有序度而言，从图2-11发现，在2006—2016年，虽然两个园区的产业发展能力有序度均呈平行上升态势，但西安高新的产业发展能力有序度的数值和平稳性均高于天津子牙。原因可能是，西安高新创立时间较早（1991年），主导产业成熟，园区内再制造产业以废旧汽车零部件、工程机械、机床等为主，形成"废旧发动机—再制造—产品"静脉产业链，科技含量高，形成聚集效应，促进了先进制造企业的集群发展，提升了产业发展能力。天津子牙创立时间较晚（2006年），定位不同于西安高新，是"废物回收—拆解处理—再制造与深加工—制造业"基地，科技含量稍低于西安高新。两个园区的创新能力、服务能力、资金筹集及流动能力的有序度出现交叠变化状态。

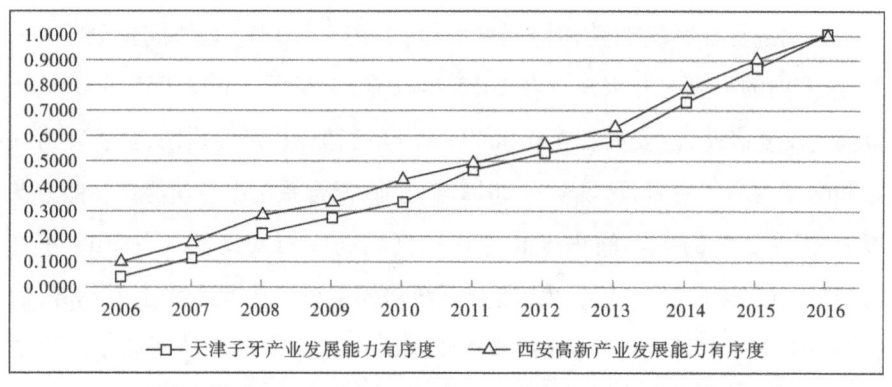

图2-11　天津子牙和西安高新静脉产业链发展能力有序度演进比较

就创新能力有序度而言，从图2-12曲线图变化趋势看，在2006—2016年，西安高新的创新能力有序度处于平稳上升态势，但天津子牙创新能力有序度在2011年前优于西安高新，此后有所下降，低于西安高新，直到2016年再次赶上西安高新。调研发现，西安高新自创立以来，一直依托西安交通大学等众多高校优质人才资源开展静脉产业技术开发等创新活动，使得西安高新静脉产业园的创新能力处于稳定上升态势。天津子牙地处天津市西南部京津冀交汇处，距离北京和天津市区较远，对人才吸引力有限，尤其在2010年以后，北京对人才的虹吸效应进一步增强，导致优秀人才不愿意到天津，尤其不愿意到离天津市较远的县区发展，天津子牙得不到创新人才的支持，创新能力有序度降低。但是自2015年开始，随着京津冀一体化战略实施,天津市政府为了平衡发展各区县经济,逐渐加强人才引进力度,以优厚待遇鼓励人才到离天津比较远的县区发展,天津子牙得到了高层次人才的支持,创新能力增强。

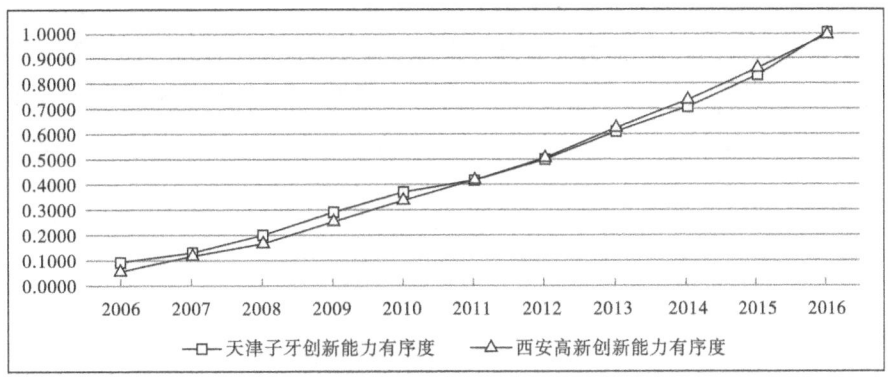

图 2-12　天津子牙和西安高新静脉产业创新能力有序度演进比较

就服务能力有序度而言,从图 2-13 变化趋势看,在 2006—2016 年,西安高新的服务能力有序度一直处于平稳上升态势,但天津子牙在 2011 年之前优于西安高新,之后开始降低,于 2012 年开始一直稳定持平于西安高新。原因可能是天津子牙在 2012 年后园区规模扩张太快,导致相关配套服务赶不上规模扩张速度,致使服务能力有序度相对下降,同时,在规模扩张过程中,过于重视资金筹集及流动能力的发展(见图 2-14),而忽视了服务能力的提升。

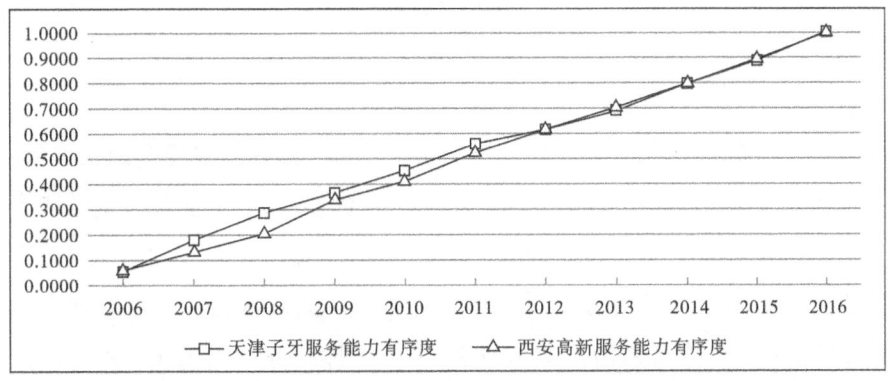

图 2-13　天津子牙和西安高新静脉产业服务能力有序度演进比较

就资金筹集及流动能力有序度而言,在2010年前西安高新好于天津子牙,之后情况出现反转,天津子牙好于西安高新,直到2014年之后西安高新逐渐缩小与天津子牙的差距,在2016年与天津子牙持平。两个开发区网站及其他资料表明,天津子牙经济技术开发区在2011年之后逐渐扩大,引入大量民营资本入驻园区,着力克服园区企业资金筹集方面的困难,尽力采取措施帮助园区内企业筹集到低成本的资金,并加强区内企业、产业链间资金流动管理,使得天津子牙静脉产业园在资金筹集及流动能力方面有较大幅度提升。

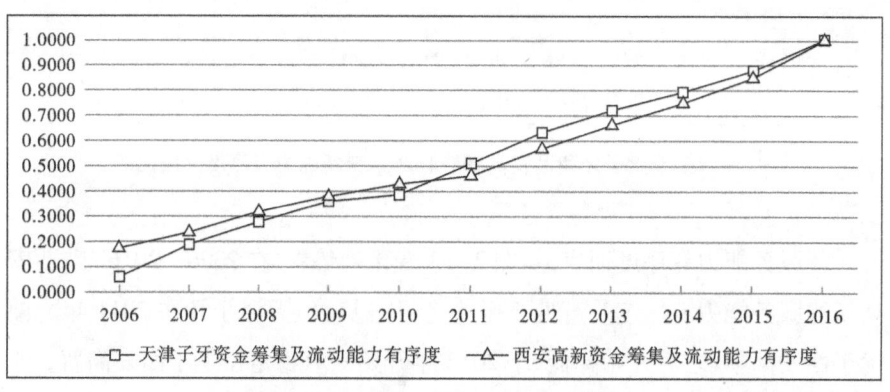

图2-14 天津子牙和西安高新静脉产业资金筹集及流动能力有序度演进比较

本章小结

静脉产业园发展过程中受到产业链、创新链、服务链和资金链的支持。一个功能完善的静脉产业园应该具有产业链、创新链、服务链和资金链四个重要功能链。其中,产业链由回收与物流仓储、直接再利用、资源化处理、再生资源开发利用、无害化处置等基本功能构成。创新链由管理创新和技术创新功能构成。服务链由公共事业服务、生产性服务功能构成。资金链由政府资金、企业资金、社会资金构成。四项功能及其子功能构成了静脉产业园功能模式,可以为政府规划静脉产业园区功能提供参考,也为静脉产业园功能完备性评价提供依据。

对天津子牙、西安高新和朔州静脉三个静脉产业园功能评价实证结果表明,三个静脉产业园的创新链功能都很完善,资金链功能都处于基本完善状态。建园早、规模大、产业关联度高的静脉产业园的产业链和服务链都很完善。说明规模大、产业关联度高的静脉产业园更容易实现集约化经营,材料和能源容易梯级利用、充分利用,对创新要素、服务企业和资金的吸引力更强,也证明了静脉产业园区化发展策略的正确性和必要性。服务链上某些服务环节缺失和资金链功能不足是制约静脉产业园发展的因素。

静脉产业园四链协同主要体现在四个功能链所具有能力的协同。这四个功能链分别对应于四种能力:产业发展能力、创新能力、服务能力、资金筹集及流动能力,每种能力可以通过若干指标来度量,形成四个能力子系统,能力子系统及其度量指标和模型构成了静脉产业园四链协同评价体系,为静脉产业园四链协同系统的协同度评价提供了方法。

对天津子牙和西安高新两个静脉产业园四链协同度评价实证结果表明,在2006—2016年天津子牙和西安高新两个开发区静脉产业园的产业发展能力子系统、创新能力子系统、服务能力子系统、资金筹集及流动能力子系统有序度均呈上升趋势,四链复合系统的协同度处于 $0\sim0.2$ 范围内的平稳上升水平。尽管如此,二者的四链复合系统的协同度存在差别,在2012年以前,天津子牙在 $0.0557\sim0.1345$ 范围内反复震荡,西安高新在 $0.0649\sim0.1155$ 范围内反复震荡,前者震荡频率和幅度均高于后者,这说明在2012年之前,复合系统中各链在能力发展上,天津子牙的不均衡程度和变化速度高于西安高新。在2012年之后,两个开发区静脉产业园四链复合系统协同度呈平稳上升趋势。存在这些差异的原因是,当政府或园区重视某一个链条的发展时,该链条对应的能力就有较大提升,有序度相应提高。

第三章
静脉产业园四链协同系统动力学分析

第一节 四链协同系统动力学模型构建

一、四链协同动力机制分析

静脉产业园是一个由产业链、创新链、服务链、资金链构成的相互关联协同体系。在国际国内资源、环境压力下,政策作为循环经济体系建设的"引擎",对静脉产业发展起到引导、推动和调控作用,直接或间接影响着静脉产业资金来源与投入水平、固废利用技术与管理创新水平、固废利用处置能力与产业发展健康程度、公共服务投入与服务水平,这些要素又都对资源、环境、经济和社会效益产生重要影响,并反作用于静脉产业政策调整进程。本书以固体废物综合利用业为例,构建多链协同仿真系统,探讨静脉产业链、创新链、服务链、资金链与静脉产业政策之间的互动关系及协同动力机制。如图3-1所示。

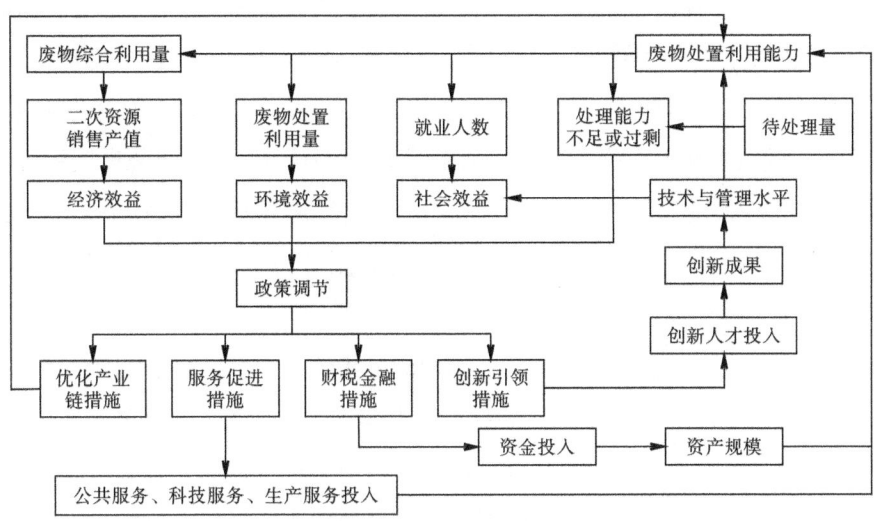

图 3-1　产业链、创新链、服务链、资金链协同动力机制

静脉产业链是静脉产业园发展的主链。在产业链上，固体废物回收后有三种处理途径：①可以直接利用的固体废物，比如大件家具，经过二手商品经销商做简单维修和保养后直接销售给消费者，再比如建筑废物直接用于路基。②不能被直接再利用的固体废物，比如塑料、废旧轮胎、非金属等，经过再生处理将其转化为再生材料，再经过产品开发、工艺开发和产品生产等过程，将其转化为原材料、新产品。③无害处置。有害废物，或无再利用价值的低害废物，或再利用价值很低不足以补偿再利用成本的废物，进行无害化处置，如焚烧、堆肥或掩埋。

创新链是推动静脉产业园产业链发展的链条。在静脉产业发展过程中，随着经济、科技发展，固体废物回收模式、回收网络布局需要创新，固体废物和再生资源产品的交易模式需要创新，再生处理和无害处置技术和管理方式需要创新，再生资源开发利用方式、途径及其产品需要创新。围绕静脉产业链，支持产业发展的不同创新环节构成了创新链。

服务链可以细分为两条：一条是生产性服务链，多表现为物质、金融、能量、信息、技术等形式，如在固体废物回收、集中、交易环节，需要物质、信息、能源和金融服务；在再生处理、再生资源开发利用和无害处理环节，除了物质、能源、金融服务，还需技术服务；在再生资源开发利用的产品创新环节,则需要需求预测、市场推广、技术支持等服务;在消费环节则一般需要售后服务。另一条是为创新环节提供服务而形成的科技服务链,多表现为信息、技术、法律咨询形式。如固体废物回收、交易模式创新环节的市场信息服务,再生技术和无害处理技术基础研究环节的论文发表、专著出版服务;应用研究和技术开发环节的专利注册、技术推广、技术转移与支持服务。两条服务链的服务对象不同,服务侧重点不同,服务内容也有差异,但它们构成了完整的服务链。

静脉产业的资金来源主要有:国家资本、集体资本、法人资本、个人资本和外商资本。其中法人资本是最重要的资本来源,主要是企业之间的资金流和企业对静脉产业的投资和再投资。政府资金包括政府直接投资和间接投资。其中政府直接投资包括政府投入无害处理企业或综合利用企业的资金,还包括政府支持技术与管理创新的资金。间接投资包括政府对静脉企业实施的财政补贴、税收减免,还包括政府在环境治理过程中,通过对危害环境的经济主体征收惩罚性税费并将其用于环境治理的转移支付资金。在静脉产业链和生产性服务链上,前三类资金支持必不可少。在创新链和服务链上,以产业资金和政府资金支持为主。无害处理环节社会效益高、经济效益低,需要政府资金支持。

二、主要反馈回路分析

静脉产业园四链协同因果关系分析是开展系统仿真研究的前提和关键。静脉产业园四链协同因果关系网络结构如图3-2所示。图3-2中,总体上可归纳出十条具有反馈回路的因果关系链,具体如下:

回路1:辖区经济发展,固废产生量增加,在既定固废综合利用、处置能力和技术条件下,固废综合利用量增加,再生资源工业销售产值增加,经济效益提升,促进辖区经济发展。

回路2:政府加大静脉产业政策力度,提高地方政府、企业、银行等社会主体对静脉产业的资金支持力度,扩大静脉产业园区资产规模,提高园区固废处理能力,提升固废处理量,增加固废综合利用量和无害化处置量,提升环境效益,促进政府提高静脉产业政策力度。

回路3：政府加大静脉产业政策力度，提高政府、企业、银行等社会主体对静脉产业的资金支持力度，扩大静脉产业园区资产规模，提高园区固废处理能力，增加固废利用与处置业从业人数，社会效益增加，促进政府提高静脉产业政策力度。

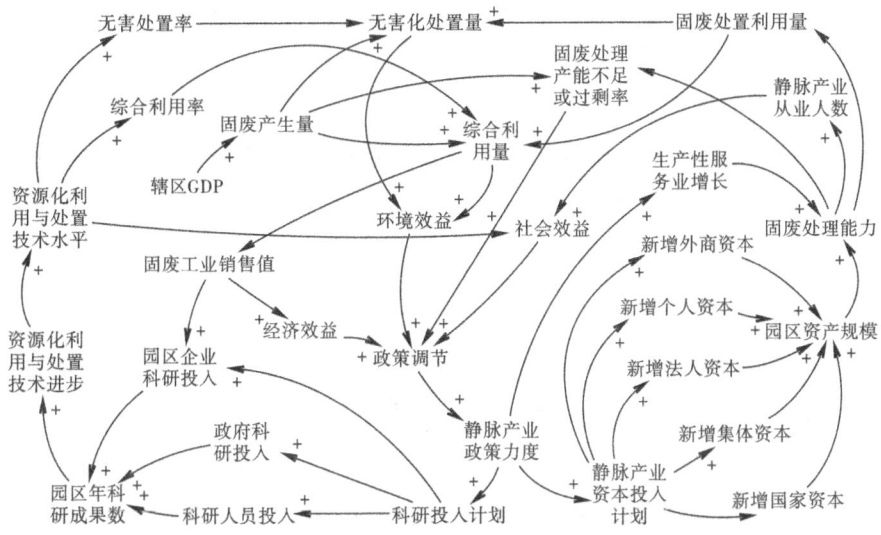

图3-2　静脉产业园四链协同关系反馈回路图

回路4：政府加大静脉产业政策力度，促进政府、企业、银行等社会主体加大对静脉产业的资金投入力度，扩大静脉产业园区资产规模，提高园区固废处理能力，可能仍然存在固废处理能力不足问题，或出现固废处理能力过剩问题，促使政府调整静脉产业政策。

回路5：政府加大静脉产业政策支持力度，促进生产性服务业发展，提高园区固废处理能力，提升固废处理量，增加固废综合利用量和无害化处理量，提升环境效益，促进政府提高政策力度。

回路6：政府加大静脉产业政策支持力度，促进生产性服务业发展，提高园区固废处理能力，增加固废利用与处置业从业人数，产生社会效益，促进政府提高政策力度。

回路7：政府加大静脉产业政策支持力度，促进生产性服务业发展，提高园区固废处理能力，可能仍然存在固废处理能力不足问题，或出现固废处理能力过剩问题,促使政府调整静脉产业政策。

回路 8:政府加大静脉产业政策支持力度,促进政府、企业提高固废资源化利用和无害处理技术研发经费投入和人员投入,静脉技术科研成果数量增加,资源化利用与处置技术取得进步,提升静脉技术水平,从而提升固废综合利用率和无害处置率,增加综合利用量和无害处置量,提升环境效益,促使政府提高静脉产业政策力度。

回路 9:政府加大静脉产业政策支持力度,促进政府、企业提高固废资源化利用和无害处理技术研发经费投入和人员投入,静脉技术科研成果数量增加,资源化利用与处置技术取得进步,提升静脉技术水平,提升固废综合利用率,增加综合利用量,增加固废利用产值,提升经济效益,促使政府提高静脉产业政策力度。

回路 10:政府加大静脉产业政策支持力度,促进政府、企业提高固废资源化利用和无害处理技术研发经费投入和人员投入,静脉技术科研成果或专利申请数量增加,资源化利用与处置技术取得进步,提升静脉技术水平,提升社会效益,促使政府提高静脉产业政策力度。

上述因果关系链中,只有回路 4 和回路 7 可能存在固废处理能力过剩问题,需要调低静脉产业投资力度,存在负反馈回路,其他均为正反馈回路。

三、子系统分析

在子系统模型构建过程中,本书根据系统动力学在可持续发展、产业经济、创新等领域的应用现状,充分考虑静脉产业、生态产业园区、产业链、创新链、服务链和资金链的相互关系和边界,形成了静脉产业园四链协同系统动力学模型。

(一)产业链子系统

静脉产业园产业链条数、资产规模、入驻企业数是衡量静脉产业园产业链发育程度的重要方面。因此,在产业链子系统中,将园区资本存量、产业链条数、园区企业数三个变量作为状态变量。产业链条数衡量产业园废物利用能力和产业功能完善程度。近几年,政府不断优化静脉产业园项目,通过补链、优化链等方式,实现静脉产业项目集中布局、资源集约共享、产业协同耦合、具有明显集聚效应、生态环境友好的静脉产业园,促进生产系统与生活系统循环链接。

园区资本存量状态变量,由资本增量和资产折旧决定。资本增量由园区固废处置利用能力差决定,当园区固废处置利用能力小于辖区固废产生量时,需要通过增加投资的方式满足固废处理需求,增加投资必然使园区资本增加。资产折旧包括有形折旧和无形折旧。有形折旧如磨损、老化等,使建筑物或设备性能降低;无形折旧如因技术进步导致原有设备技术落后而被淘汰。园区固废处置利用能力与园区资本存量、园区产业链条数、园区就业人数、园区生产性服务配套情况等因素有关。

一个产业功能完善的静脉产业园,一般以若干个较大的企业为产业链核心,周边集聚了较多的小型企业,吸纳较多的劳动力,可以覆盖周边较大范围的固废利用与处理业务。园区企业数受新增企业数和注销企业数两个速率变量的影响。

在静脉产业园产业链子系统中,固废综合利用率、人均工业增加值、固体废物处置利用率、单位工业增加值固废产生量是四个重要的辅助变量,他们从经济效益、环境效益两个方面反映了静脉产业园对经济和环境的贡献。固废综合利用率是指综合利用的固废量与园区内和从园区外运送至园区内的固废总量的比值,用于衡量静脉产业园废弃资源利用绩效。人均工业增加值指园区内工业企业从业人员平均创造的工业增加值,用于衡量静脉产业园经济绩效。固体废物处置利用率指园区内各工业企业安全处置、综合利用及安全贮存的工业固体废物量之和与当年工业固体废物总产生量的比值,用于衡量静脉产业园环境绩效。单位工业增加值固废产生量指园区内工业企业创造一个单位的工业增加值所产生的工业固体废物量(不包括从园区外运入的固体废物),同样用于衡量环境绩效。产业链子系统各变量关系如图 3-3 所示。

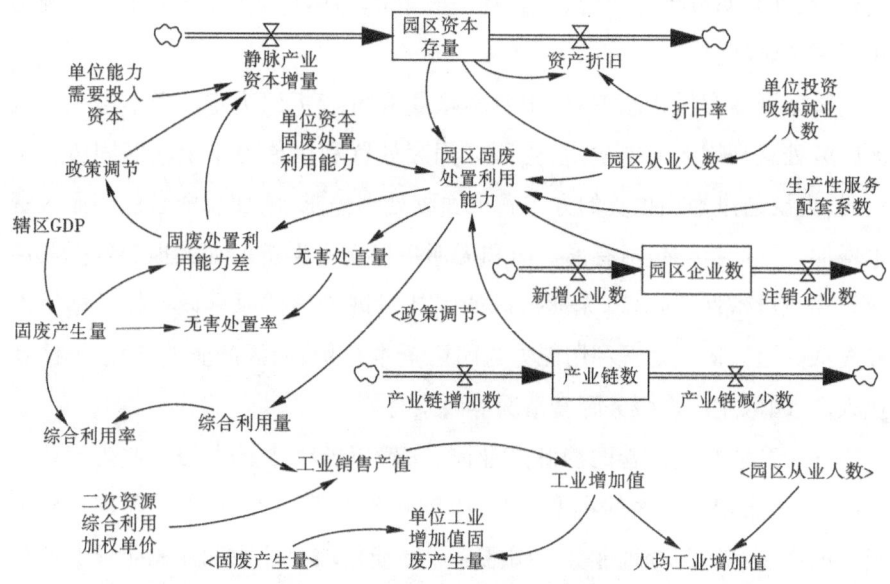

图 3-3　产业链子系统各变量关系

(二)创新链子系统

在静脉产业园创新链子系统中,资源再生利用与无害处置技术水平反应了静脉产业园当前的技术水平状态,设为创新子系统的状态变量,它决定于技术水平增长率和无形折旧两个速率变量。技术水平增长由创新成果(包括科技论文和发明专利)数量和创新成果转化率两个主要因素决定。创新成果数是创新经费投入和创新人才投入的函数,创新经费投入主要由政府科研投入和企业科研投入两部分构成,并且受经济发展成果的制约。当园区核心企业在废弃资源加工利用方面的经济效益好时,会将一定比例的销售收入投于新技术研发。政府在创新方面的投入受当地 GDP 水平、政府对创新的重视程度等因素影响。固废综合利用率和无害处置率决定于废弃资源再生利用与无害处置技术水平,因此可以认为,这两个变量是创新成果的最终体现。创新链子系统各变量关系如图 3-4 所示。

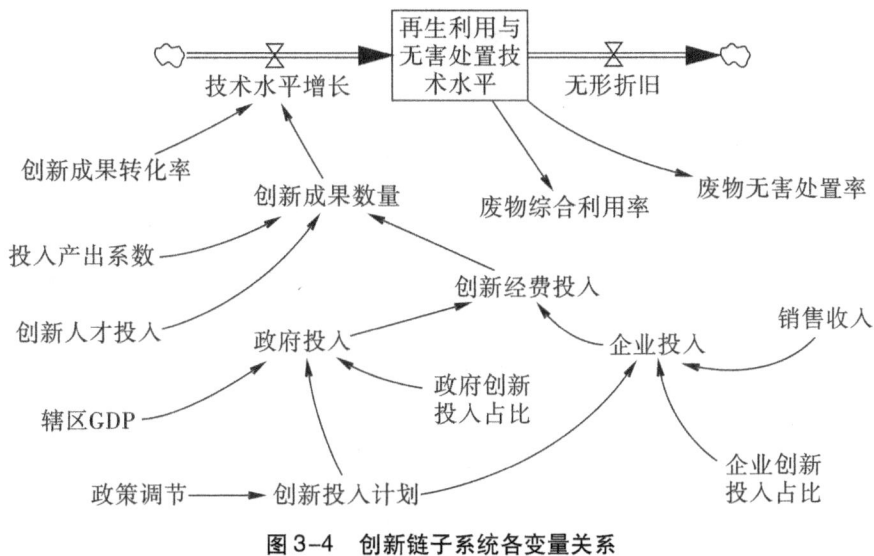

图 3-4 创新链子系统各变量关系

(三)服务链子系统

在服务链子系统中,生产服务水平设为状态变量,体现了当前服务链整体的服务质量和服务效率。服务链由政府行政事业服务环节、园区公共基础设施和生产性服务环节构成。随着中央"放管服"改革的深化推进,政府行政事业服务质量和效率有所提升,为静脉企业创造了较好的营商环境,为静脉产业生产要素集聚、发展动力提升创造了条件。园区公共基础设施为静脉产业园区发展提供了物质基础,因此公用基础设施在本研究中被视为服务。生产性服务环节是服务链的主要环节。生产性服务由物资供应、物流、金融、法律、科技、能源、信息、园区管理、市场等方面构成,它们的增长和完善,对提升静脉产业园固废处置利用能力有重要的辅助作用。静脉产业园服务链子系统各变量关系如图 3-5 所示。

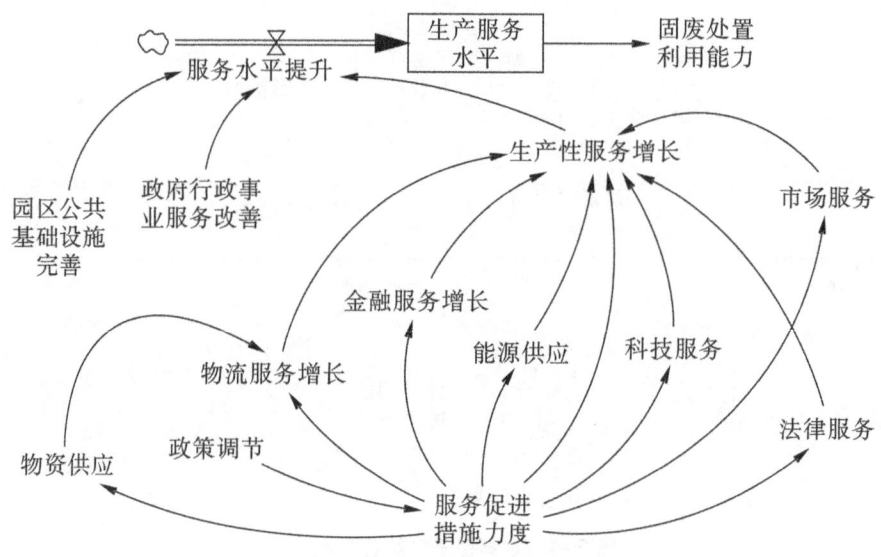

图3-5 服务链子系统各变量关系

(四)资金链子系统

在资金链子系统中,园区资产规模是状态变量,由资本增量决定。资本增量作为速率变量,由政府的静脉产业资本投入计划决定,资金来源包括政府直接投资、集体资本、法人资本、个人资本和外商资本等构成,本书还将银行贷款贴息、税收优惠及财政补贴等资金项目视为资金链的一部分。资金链子系统各变量关系见图3-6。

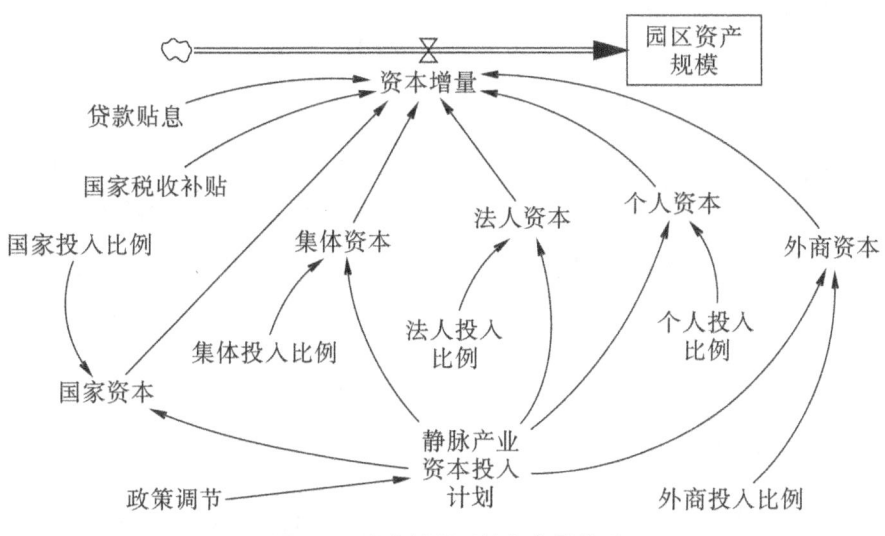

图3-6 资金链子系统各变量关系

(五) 系统特征

1. 整体性与综合性

静脉产业园四链协同系统由具有相互关联的产业链、创新链、服务链和资金链四个子系统构成,每个子系统有自己的目标,并由多层级变量组成,各变量之间相互影响、相互关联,构成了多目标、多要素的动态复杂系统,子系统协同为静脉产业园协同奠定了基础。因此,要实现静脉产业园四链协同,应综合考虑各子系统协同情况,进而关注整体系统的协同运行。

2. 相关性和交叠性

静脉产业园的四个子系统之间存在着相互影响、相互制约的交叠关系,各子系统内部要素及子系统之间存在着线性、非线性的相关关系,并依照一定规律形成一个有机整体,任何一个要素变化都会带来其他要素甚至整个系统变化。系统的目的是实现资源消耗减量化、环境污染减量化、固废再利用和资源化,这也是静脉产业政策的目标。因此,静脉产业政策的制定和完善应以此为准则,充分考虑系统内子系统的交叠性和各变量的相关性,促进四链系统协同。

3. 可控性和反馈性

静脉产业园四链协同系统中存在很多反馈回路,任何一个要素的变化都会带来其他要素的连锁变化,并通过反馈回路进一步对该变量产生影响。其中,正反馈回路具有自我加强作用,使系统向积极方向发展;负反馈回路具有自我削弱作用,使系统沿反方向发展。处在负反馈回路中的因素往往会导致产业衰退,因此在政策制定中,须抓住关键的积极变量和消极变量,通过调控这些因素实现整个系统协同,促进静脉产业系统良性发展、可持续发展。

四、参数确定

本章以 Vensim PLE 为分析工具,模型运行时间为 2005—2026 年,仿真步长为 1 年,主要数据来源于 31 个静脉产业园或生态工业园区所在城市政府发布的园区立项或建设方面的新闻报道、园区网站信息、园区年度报告、走访记录,以及环境保护部公开发布的园区资料核查及验收工作表,经过整理而成,部分缺失数据,依据园区所在市统计局网站公开数据推算得到。其中 2016 年之前的数据用于检验,2016 年之后的数据用于预测。研究中,模型参数的确定方法如下。

(1) 取 31 个园区历年数据的合计值或中位数。诸如资产规模、从业人数、静脉企业数、创新人才数、专利价值、固废综合利用能力、固废处置能力、国家资本、集体资本、个人资本等均取合计数;人均工业增加值、单位工业增加值固废产生量、公众对环境满意度和公众对环境认知率等指标取中位数。所有涉及基数的指标,均以 2005 年为基期。

(2) 增长趋势推算法。根据统计资料、园区各年度指标值和参数性质,利用公式对其随时间变化按比例推算,这些参数主要有资产折旧率、GDP 增长率、固废产生量增长率、产业资本增长率、创新人才流动率、科研成果转化率等。

(3) 通过回归分析方法确定参数,选取拟合优度最佳的回归方程。如园区工业增加值、创新成果价值、固废处置利用能力等参数通过回归分析确定。

(4)参考其他文献和专家经验值。比如政策调节、政策力度、创新成果转化率等,参考了其他学者的数据,对存在疑问的参数征询专家意见予以确定。

五、流率基本入树模型构建

(一)流率基本入树建模基础

在系统动力学模型中,存量与流量之间通过微分方程建立联系,一个微分方程对应着一颗入树(in-tree)。因此,在建模时需要先建立各微分方程对应的流率基本入树,然后再对各流率基本入树作嵌运算,即可得到系统结构存量流量图。用流率基本入树方法构建系统结构模型,变量控制关系较为清晰,模型更加规范(钟永光等,2017)。本部分在前文子系统分析基础上,依据产业链子系统、创新链子系统、服务链子系统、资金链子系统的流位、流率和辅助变量,以流率变量为树根、流位变量为树尾反应系统内各变量之间的因果关系,通过嵌运算生成系统结构模型。

定义1 若 $t \in T$,一个有向动态图 $T(t) = [V(t), X(t)]$ 中,存在一个点 $v(t) \in V(t)$,使 $T(t)$ 中其他的任何一点 $u(t) \in V(t)$,有且仅有一条由 $u(t)$ 通向 $v(t)$ 的有向道路,则此有向图称为一颗入树,其中 $v(t)$ 称为树根,满足入度 $d^-[u(t)] = 0$ 的 $u(t)$ 称为树尾,从树根至树尾的一条有向道路称为一个树枝。

定义2 在本书构建的静脉产业园四链协同系统动力学模型中,以流率为树根,流位为树尾的入树 $T(t)$ 中,流位个数称为流率入树阶数,从树尾沿一枝至树根所含流位的个数称为这枝的枝阶长度。流率入树的最大枝阶长度称为该入树的阶长度。枝阶长度均为1的流率入树称为流率基本入树。

定义3 流图中任何一个子图称为半子流图,满足含流位 $L(t)$ 及其流率 $R(t)$ 的半子流图称为子流图。

定义4 已知 $t \in T$,半子流图 $G_1(t) = [Q_1(t), E_1(t), F_1(t)]$,$G_2(t) = [Q_2(t), E_2(t), F_2(t)]$,则:

(1)作 $G_1(t) \overrightarrow{\cup} G_2(t)$ 且保持 $F_1(t), F_2(t)$ 确定的映射关系。

(2)若流率 $R_p(t)$ 及其对应的流位 $L_p(t)$ 在 $G_i(t)(i=1,2)$ 中,则在(1)

的基础上再增加一条弧,半子流图 $G_1(t)$ 与 $G_2(t)$ 就构成一条因果链 $R_p(t) \to L_p(t)$,同时根据实际意义给出因果关系的极性。定义由(1)和(2)构造新半子流图 $G(t)$ 的过程为嵌运算,记为 $\vec{\cup}$,则 $G(t) = G_1(t) \vec{\cup} G_2(t)$。

定义5 嵌运算满足如下性质:

(1)交换律:$G_1(t) \vec{\cup} G_2(t) = G_2(t) \vec{\cup} G_1(t)$ (3-1)

(2)结合律:$[G_1(t) \vec{\cup} G_2(t)] \vec{\cup} G_3(t) = G_1(t) \vec{\cup} [G_2(t) \vec{\cup} G_3(t)]$ (3-2)

(二)流率基本入树模型构建

1. 流率入树建模步骤

步骤1:建立流位流率系 $\{[L_1(t), R_1(t)], [L_2(t), R_2(t)], \cdots, [L_n(t), R_n(t)]\}$。

步骤2:分别建立以流率变量 $R_i(t)$ 为根,流位变量 $L_i(t)$ 为尾,且流位变量直接或间接通过辅助变量控制流率变量的流率基本入树模型 $T_i(t)$。

步骤3:对这些基本入树模型 $T_i(t)(i=1,2,\cdots,n)$ 做嵌运算,即顶点与顶点并,弧与弧并,流率与对应流位相连,得到该流位流率系下的流图模型。

同一流位流率系下的网络图 $G(t)$ 与流率基本入树模型 $T_1(t)$,$T_2(t),\cdots,T_n(t)$ 具有充分必要关系,即在同一流位流率系下,由网络流图 $G(t)$ 分解可得入树模型 $T_1(t)$,$T_2(t),\cdots,T_n(t)$,由入树模型 $T_1(t)$,$T_2(t),\cdots,T_n(t)$ 通过嵌运算 $\vec{\cup} T_i(t)$ 可得到网络流图 $G(t)$。

2. 模型流率流位系确定

经过系统分析,静脉产业园四链协同系统结构流率基本入树模型的流位流率系为:

固废综合利用能力 $L_1(t)$(万吨),综合利用能力变化量 $R_1(t)$(万吨/年);

固废处置能力 $L_2(t)$(万吨),处置能力变化量 $R_2(t)$(万吨/年);

资产规模 $L_3(t)$(亿元),资产规模变化量 $R_3(t)$(亿元/年);

国家资本 $L_{31}(t)$(亿元),国家资本变化量 $R_{31}(t)$(亿元/年);

集体资本 $L_{32}(t)$(亿元),集体资本变化量 $R_{32}(t)$(亿元/年);

法人资本 $L_{33}(t)$（亿元），法人资本变化量 $R_{33}(t)$（亿元/年）；

港澳台资本 $L_{34}(t)$（亿元），港澳台资本变化量 $R_{34}(t)$（亿元/年）；

外商资本 $L_{35}(t)$（亿元），外商资本变化量 $R_{35}(t)$（亿元/年）；

企业数 $L_4(t)$（家），企业数变化量 $R_4(t)$（家/年）；

从业人数 $L_5(t)$（万人），从业人数变化量 $R_5(t)$（万人/年）；

固废综合利用技术水平 $L_6(t)$（单位1），综合利用技术水平变化量 $R_6(t)$（1/年）；

专利价值 $L_7(t)$（万元），专利价值变化量 $R_7(t)$（万元/年）；

创新经费投入 $L_8(t)$（万元），创新经费投入变化量 $R_8(t)$（万元/年）；

国家创新投入 $L_{81}(t)$（万元），国家创新投入变化量 $R_{81}(t)$（万元/年）；

企业创新投入 $L_{82}(t)$（万元），企业创新投入变化量 $R_{82}(t)$（万元/年）；

创新人才数 $L_9(t)$（人），创新人才变化量 $R_9(t)$（人/年）。

在流率入树中，还包含以下辅助变量和常量，它们是：公众对生态工业的认知率 $A_1(t)$（%），公众对环境的满意度 $A_2(t)$（%），工业增加值 $A_3(t)$（亿元/年），人均工业增加值 $A_{31}(t)$（亿元/人），单位工业增加值固废产生量 $A_{32}(t)$（万吨/亿元），园区内固废产生量 $A_{321}(t)$（万吨/年），企业平均职工人数 $A_4(t)$（人/家），亿元资产固废综合利用能力 C_1（万吨/亿元），亿元资产固废处置能力 C_2（万吨/亿元），集体资本增长率 C_{32}（%），港澳台资本增长率 C_{34}（%），外商资本增长率 C_{35}（%），万吨固废处理吸纳就业人数 C_5（万人/万吨），创新人才流动率 C_9（%）。

模型中方程的参数代码如表3-1所示。

表3-1 模型中方程的参数代码说明

变量	单位	代码	变量	单位	代码
处理万吨固废吸纳就业人数	万人/万吨	C_5	公众对环境的满意度	%	A_2
创新成果数	项	L_A	公众对生态工业的认知率	%	A_1
创新经费投入	万元	L_8	公众满意度调节因子	1	C_E

续表 3-1

变量	单位	代码	变量	单位	代码
创新经费投入变化量	万元/年	R_8	公众认知率调节因子	1	C_F
创新人才变化量	人/年	R_9	国家创新投入	万元	L_{81}
创新人才流动率	%	C_9	国家创新投入变化量	万元/年	R_{81}
创新人才数	人	L_9	国家资本	亿元	L_{31}
从业人数	万人	L_5	国家资本变化量	亿元/年	R_{31}
从业人数变化量	万人/年	R_5	国有资本投入强度	%	A_K
从业人数占比	%	A_6	国有资本投入调节因子	1	C_D
单位工业增加值固废产生量	万吨/亿元	A_{32}	集体资本	亿元	L_{32}
对辖区 GDP 的贡献率	%	A_8	集体资本变化量	亿元/年	R_{32}
法人资本	亿元	L_{33}	集体资本增长率	%	C_{32}
法人资本变化量	亿元/年	R_{33}	静脉产业政策力度	1	L_C
法人资本投入强度	%	A_9	静脉产业政策调节	1/年	R_A
法人资本投入调节因子	1	C_A	静脉产业政策调节因子	1	C_H
港澳台资本	亿元	L_{34}	专利价值	亿元	L_7
港澳台资本变化量	亿元/年	R_{34}	专利价值变化量	亿元/年	R_7
港澳台资本增长率	%	C_{34}	资产规模	亿元	L_3
个人资本投入强度	%	A_I	资产规模变化量	亿元/年	R_3
个人资本投入调节因子	1	C_B	科技服务对科研成果贡献率	%	A_L
固废处置投资缺口	亿元	A_C	企业创新投入变化量	万元/年	R_{82}
固废处置利用量	万吨	A_D	企业平均职工人数	人/家	A_4
固废处置利用能力	万吨	L_2	企业数	家	L_4
固废处置利用能力变化量	万吨/年	R_2	企业数变化量	家/年	R_4

续表 3-1

变量	单位	代码	变量	单位	代码
固废处置利用能力利用率	%	A_B	科技服务水平	1	L_D
固废处置利用能力缺口	万吨	A_E	人均工业增加值	亿元/万人	A_{31}
固废处置利用能力缺口率	%	A_5	企业创新投入	万元	L_{82}
固废存量	万吨	L_B	人均科研成果	项/人	A_O
固废待处理量	万吨	A_7	生产服务水平	1	L_E
固废经营收益率	%	A_F	生产性服务增长	1/年	R_B
固废经营预期收益	亿元	A_G	外商资本	亿元	L_{35}
固废无害处置率	%	A_P	外商资本变化量	亿元/年	R_{35}
固废修复利用量	万吨	A_R	外商资本增长率	%	C_{35}
固废资源化利用量	万吨	A_U	辖区固废产生量	万吨	A_Q
固废资源化利用率	%	A_V	辖区年 GDP	亿元	B_1
固废资源化利用水平因子	1	C_I	亿元科研投入成果产出数	项/亿元	C_G
固废综合利用技术水平	1	L_6	亿元资产固废处置能力	万吨/亿元	C_2
固废综合利用技术水平变化量	1/年	R_6	亿元资产固废综合利用能力	万吨/亿元	C_1
固废综合利用率	%	A_H	园区工业增加值	亿元/年	A_3
固废综合利用能力	万吨	L_1	园区内固废产生量	万吨	A_{321}
固废综合利用能力变化量	万吨/年	R_1			

3. 流率基本入树模型建立

根据静脉产业系统各流位流率变量关系,建立以下流率基本入树。

(1) 固废综合利用能力变化量流率基本入树。$T_1(t)$ 是根据下述系统分析过程建立的。固废综合利用能力是静脉产业园对固体固废进行加工利用的最大产能,受静脉产业资产规模制约,资产规模越大,固废综合利用能力越强。资产规模是资本逐步积累的结果,因此,固废综合利用能力也是逐步提升的。固废综合利用能力变化量在数量上等于资产变化量 $R_3(t)$ 与单位资产固废加工利用能力 C_1 的乘积,反映了在 $(t, t+DT)$ 期间固废综合利用能力的变化。单位资产固废综合利用能力 C_1(万吨/亿元)依据历史数据通过回归估计得到,其值为 159.83 万吨($p<0.05$)。于是有式(3-3):

$$\begin{cases} R_1(t) = \dfrac{dL_1(t)}{dt} = (R_3(t) \times C_1)/DT \\ L_1(t)|_{t=2005} = 76993(万吨) \\ C_1 = 159.83(万吨/亿元) \end{cases} \quad (3-3)$$

式中:

$R_1(t)$——固废综合利用能力在 $(t, t+DT)$ 期间的变化量;

$L_1(t)$——固废综合利用能力在 $t+DT$ 时刻的水平;

$R_3(t)$——园区资产在 $(t, t+DT)$ 期间的变化量;

C_1——亿元资产固废综合利用能力,为常数,等于 159.83(万吨/亿元),依据历史数据回归得到;

DT——固废综合利用能力变化的时间长度;

76993 万吨——固废综合利用能力的初始值,即 2005 年的固废综合利用能力。

(2)固废处置能力变化量流率基本入树。$T_2(t)$ 是根据下述系统分析过程建立的。固废处置能力是静脉产业园对固体废物进行安全处置的最大产能,受静脉产业资产规模制约,资产规模越大,固废处置能力越强。固废处置能力变化量反映了在 $(t, t+DT)$ 期间固废处置能力的变化,在数量上等于资产变化量 $R_3(t)$ 与单位资产固废安全处置能力 C_2 的乘积。单位资产固废处置能力 C_2(万吨/亿元)依据历史数据通过回归估计得到,其值为 48.21 万吨($p<0.1$)。于是有式(3-4):

$$\begin{cases} R_2(t) = \dfrac{dL_2(t)}{dt} = (R_3(t) \times C_2)/DT \\ L_2(t)|_{t=2005} = 31259(万吨) \\ C_2 = 48.21(万吨/亿元) \end{cases} \quad (3-4)$$

式中：

$R_2(t)$——固废处置能力在 $(t, t+DT)$ 期间的变化量；

$L_2(t)$——固废处置能力在 $t+DT$ 时刻的水平；

$R_3(t)$——园区资产在 $(t, t+DT)$ 期间的变化量；

C_2——亿元资产固废处置能力，为常数，等于48.21（万吨/亿元），依据历史数据回归得到；

DT——固废处置能力变化的时间长度；

31259万吨——固废处置能力的初始值，即2005年的固废处置能力。

(3) 静脉产业资产变化量流率基本入树。静脉产业园资产可能来源于国家、集体、法人、个人、外商等部门的投资及负债规模五个方面。这五个方面在 $(t, t+DT)$ 期间变动值的代数和形成了静脉产业资产的变化量。根据数据可获得性，本书采用国家资本、集体资本、法人资本、个人资本、外商资本积累数据计算得到。于是有式(3-5)：

$$\begin{cases} R_3(t) = \dfrac{dL_3(t)}{dt} = (R_{31}(t) + R_{32}(t) + R_{33}(t) + R_{34}(t) + R_{35}(t))/DT \\ L_3(t)\mid_{t=2005} = 13.17 (亿元) \end{cases}$$

(3-5)

式中：

$R_3(t)$——资产在 $(t, t+DT)$ 期间的变化量；

$L_3(t)$——资产在 $t+DT$ 时刻的存量水平；

$R_{31}(t)$——国家资本在 $(t, t+DT)$ 期间的变化量；

$R_{32}(t)$——集体资本在 $(t, t+DT)$ 期间的变化量；

$R_{33}(t)$——法人资本在 $(t, t+DT)$ 期间的变化量；

$R_{34}(t)$——个人资本在 $(t, t+DT)$ 期间的变化量；

$R_{35}(t)$——外商资本在 $(t, t+DT)$ 期间的变化量；

DT——资产变化的时间长度；

13.17亿元——资产规模的初始值，即2005年的资产规模。

(4) 国家资本变化量流率基本入树。在2012年之前，静脉产业园区主要由国家投资，国家资本是静脉产业园区资本形成的主要来源。国家对静脉产业的投资主要受到固废综合利用能力 $L_1(t)$ 和固废处置能力 $L_2(t)$ 因素的影响。当固废综合利用能力和固废处置能力不足时,国家会加大对静脉产业的投资,当这两方面的能力不断增大,足以消化每年产生的固体废物时,国家会减小对静脉产业的投资。国家资本变化量反映了在$(t, t+DT)$期间国家对静脉产业投资的变化。依据所获得的静脉产业园数据,做关于固废综合利用能力和处置能力对国家资本变化量影响的回归分析,得到的截距项和这两种能力对国家资本变化量的影响系数分别是 3.3192、0.0001574 和 0.0001667($p<0.1$)。于是有式(3-6):

$$\begin{cases} R_{31}(t) = \dfrac{dL_{31}(t)}{dt} = (3.3192 + 0.0001574 L_1(t) + 0.0001667 L_2(t))/DT \\ L_{31}(t) \mid_{t=2005} = 0.92(亿元) \end{cases}$$

(3-6)

式中:

$R_{31}(t)$——国家资本在$(t, t+DT)$期间的投入变化量;

$L_{31}(t)$——国家资本在$t+DT$时刻的投入水平;

$L_1(t)$——固废综合利用能力在$t+DT$时刻的水平;

$L_2(t)$——固废处置能力在$t+DT$时刻的水平;

DT——国家资本变化的时间长度;

0.92 亿元——国家资本的初始值,即在 2005 年的国家资本投入量。

(5)法人资本变化量流率基本入树。法人资本具有逐利性,当固废综合利用产业活动有利可图时,企业会将一部分资金投入到静脉产业活动中来。与国家对固废利用业投资目的不同,企业对固废综合利用能力 $L_1(t)$ 越强,销售产值越高,盈利能力也就越强,对固废利用项目的投资力度也会越大,企业会通过一体化形式,在固废利用产业链上布局不同类型的子公司以实现更多盈利。因此法人资本变化量受固废综合利用能力 $L_1(t)$、工业销售产值 $A_1(t)$ 和企业个数 $L_4(t)$ 的正向影响。法人资本变化量反映了在$(t, t+DT)$期间企业对静脉产业园投资的变化。依据统计年鉴数据,做关于固废综合利用能力、工业销售产值和企业个数对法人资本变化量影响的回归分析,得到的截距项和这三个因素对法人资本变化量的影响系数分别是862.17、0.00442、0.03622 和 0.02256($p<0.1$)。于是有式(3-7):

$$\begin{cases} R_{33}(t) = \dfrac{dL_{33}(t)}{dt} = (862.17 + 0.00442\,L_1(t) + \\ \qquad 0.03622\,A_1(t) + 0.02256\,L_4(t))/DT \\ L_{33}(t)\,|_{\,t=2005} = 0.53(亿元) \end{cases} \quad (3-7)$$

式中：

$R_{33}(t)$——法人资本在$(t, t+DT)$期间的投入变化量；

$L_{33}(t)$——法人资本在$t+DT$时刻的投入水平；

$L_1(t)$——固废综合利用能力在$t+DT$时刻的水平；

$A_1(t)$——工业销售产值在$(t, t+DT)$期间的量；

$L_4(t)$——企业数在$t+DT$时刻的数量；

DT——变化的时间长度；

0.53亿元——法人资本的初始值，即在2005年的法人资本投入量。

限于篇幅，本书仅详细分析国家资本变化量和法人资本变化量的流率入树建模过程，其他的资本变化量流率入树建模过程雷同，不予赘述。

（6）从业人数变化量流率基本入树。静脉产业发展能解决一部分人的就业问题。抛开职业工种对人们职业选择以及技术对劳动力替代效应的影响，固废利用业从业人数主要受固废综合利用能力和万吨固废加工利用可吸纳从业人数两个因素的正向影响。固废综合利用能力越高，对劳动力的需求量就越大，同样，利用万吨固废需要劳动力数量越多，其解决的就业人数就越多。从业人数变化量反映了在$(t, t+DT)$期间固废综合利用业对劳动力需求的变化量。在数值上等于综合利用能力变化量$R_1(t)$与利用单位量固废解决就业人数C_5的乘积。于是有式(3-8)：

$$\begin{cases} R_5(t) = \dfrac{dL_5(t)}{dt} = d(L_1(t) \times C_5)/DT \\ L_5(t)\,|_{\,t=2005} = 0.78(万人) \\ C_5 = 0.000077(万吨/万人) \end{cases} \quad (3-8)$$

式中：

$R_5(t)$——从业人数在$(t, t+DT)$期间的变化量；

$L_5(t)$——从业人数在$t+DT$时刻的状态值；

$L_1(t)$——固废综合利用能力在$t+DT$时刻的状态值；

C_5——利用万吨固废解决就业人数,为常数,等于 0.000077(万吨/万人),依据历史数据回归得到;

DT——从业人数变化的时间长度;

0.78 万人——从业人数的初始值,即 2005 年的从业人数。

(7)综合利用技术水平变化量流率基本入树。在静脉产业发展过程中通过创新和引进方式不断提高固废综合利用技术水平。综合利用技术水平提高过程受到固废综合利用技术专利和创新经费投入变化量影响。其中,技术专利可以用产业内现有专利价值 $L_7(t)$ 代替,技术专利价值变化量 $R_7(t)$ 是在 $(t,t+DT)$ 期间专利的价值变动,创新投入变化量是在 $(t,t+DT)$ 期间用于创新研发的经费投入量。于是有式(3-9):

$$\begin{cases} R_6(t) = \dfrac{dL_6(t)}{dt} = (R_7(t)/(L_7(t)+R_8(t)))/DT \\ L_6(t)|_{t=2005} = 0.6(无量纲) \end{cases} \quad (3-9)$$

式中:

$R_6(t)$ ——综合利用技术水平在 $(t,t+DT)$ 期间的变化量;

$R_7(t)$ ——专利价值在 $(t,t+DT)$ 期间的变化量;

$L_7(t)$ ——专利价值在 $t+DT$ 时刻的状态值;

$R_8(t)$ ——创新经费投入在 $(t,t+DT)$ 期间的变化量;

DT ——综合利用技术水平变化的时间长度;

0.6(无量纲)——综合利用技术水平的初始值,即 2005 年的综合利用技术水平。

(8)专利价值变化量流率基本入树。专利价值 $L_7(t)$ 属于无形资产价值,是创新活动的基础,专利价值变化量属于创新产出,反映了在 $(t,t+DT)$ 期间创新活动的成果。创新产出与无形资产投入、创新人才投入和创新成果转化率有关。其中,无形资产投入是截至当年末所有专利的价值,即 $L_7(t)$,创新人才投入是当年参与创新活动的人才数量,即 $L_9(t)$。根据柯布道格拉斯生产函数,以专利价值变化量的对数为因变量,专利价值的对数和创新人员投入的对数为自变量,对 2005—2016 年数据进行回归,得到 $p<0.05$ 置信水平下的截距值和系数值分别为 -0.8794、0.7127、0.2873。于是,专利价值变化量 $R_7(t)$ 微分方程为式(3-10):

$$\begin{cases} R_7(t) = \dfrac{dL_7(t)}{dt} = EXP((-0.8794) \times L_9(t)^{0.2873} \times L_7(t)^{0.7127})/DT \\ L_7(t)\mid_{t=2005} = 0(万元) \end{cases}$$

(3-10)

式中：

$R_7(t)$——专利价值在$(t, t+DT)$期间的变化量；

$L_7(t)$——专利价值在$t+DT$时刻的状态值；

$L_9(t)$——创新人才投入在$t+DT$时刻的状态值；

DT——专利价值变化的时间长度；

0(万元)——专利价值的初始值，即2005年的专利价值水平。

(9)创新经费投入变化量流率基本入树。创新经费投入变化量$R_8(t)$由国家创新经费投入变化量$R_{81}(t)$和企业创新经费投入变化量$R_{82}(t)$两部分构成，反映了在$(t, t+DT)$期间国家和企业在创新方面的新增投入。于是，创新经费投入变化量$R_8(t)$微分方程为式(3-11)：

$$\begin{cases} R_8(t) = \dfrac{dL_8(t)}{dt} = (R_{81}(t) + R_{82}(t))/DT \\ L_8(t)\mid_{t=2005} = 45(万元) \end{cases}$$

(3-11)

式中：

$R_8(t)$——创新经费投入在$(t, t+DT)$期间的变化量；

$L_8(t)$——创新经费投入在$t+DT$时刻的状态值；

$L_{81}(t)$——国家创新经费投入在$t+DT$时刻的状态值；

$L_{82}(t)$——企业创新经费投入在$t+DT$时刻的状态值；

DT——创新经费投入变化的时间长度；

45(万元)——创新经费投入的初始值，即2005年的创新经费投入。

以上流率基本入树是系统结构的核心，对它们嵌运算生成四链协同系统的复杂反馈结构。

4. 模型中其他重要方程

式(3-12)~(3-31)为模型中的其他重要方程，式中参数的含义见表3-1，在此不再赘述。

$$A_K = L_C \times C_D \qquad (3-12)$$

$$A_9 = L_C \times A_F \times C_A \tag{3-13}$$

$$A_I = L_C \times A_G \times C_B \tag{3-14}$$

$$A_D = L_2 \times A_B \tag{3-15}$$

$$A_H = (A_R + A_U)/(A_A + L_B) \times 100\% \tag{3-16}$$

$$A_Q = 0.2895 \times B_1 \tag{3-17}$$

$$A_V = A_V \times C_I \times 100\% \tag{3-18}$$

$$L_A = ((L_{81} + L_{82}) \times C_G)^{0.3} \times (L_9 \times A_O)^{0.6} \times (L_D \times A_L)^{0.1} \tag{3-19}$$

$$R_A = (A_5)^{0.7} \times (A_H)^{0.15} \times (A_P)^{0.05} \times (A_6)^{0.05} \times (A_8)^{0.05} \tag{3-20}$$

$$R_6 = 1/(10 + EXP(-L_A \times C_W)) \tag{3-21}$$

$$L_1 = (L_3 \times C_1)^{0.95} \times (L_6)^{0.2} \times (L_E)^{0.1} \tag{3-22}$$

$$R_B = LN(L_C) \times C_H \tag{3-23}$$

$$A_E = IF\ THEN\ ELSE(L_2 > A_7, 0, A_7 - L_2) \tag{3-24}$$

$$A_C = A_E / C_2 \tag{3-25}$$

$$A_{31} = A_3 / L_5 \tag{3-26}$$

$$A_{32} = A_{321} / A_3 \tag{3-27}$$

$$A_{321} = ([(0,0)-(3000,10)],(2005,5),(2006,6.1),(2007,6.3),(2008,6.2),(2009,6.4),(2010,6.8),(2011,7.02),(2012,6.98),(2013,7.2),(2014,7.25),(2015,7.22),(2016,7.34)) \tag{3-28}$$

$$A_3 = EXP(1.13964 + 0.796408 \times ln(L_3) + 0.370748 \times ln(L_5)) \tag{3-29}$$

$$A_2 = A_P \times C_E \tag{3-30}$$

$$A_1 = A_H \times C_F \tag{3-31}$$

注：IF THEN ELSE 为 Vensim 条件判断函数。

式(3-3)~(3-31)及其变量、参数的设定参考了连莲(2017)，马军杰和杨立媛(2017)，罗政和李玉纳(2016)，徐升华和吴丹(2016)，李俊霞等(2016)，李文超等(2014)，李乃文和刘会贞(2012)，王志刚(2011)等学者的研究成果。但系统动力学模型构建过程是一个不断模拟实验不断修改调优的过程。开始构建模型时，各方程及其变量、参数的设定均参考了上述文献中解决类似问题所用的方程及其变量和参数，但由于解决的实际问题不同,模拟后与历史数据不相符,需要一次次地调整变量、修改参数,最终得到了模拟结果与历史数据相符的模型。

5. 静脉产业园四链协同系统存量流量图

根据图论,将前面的流率基本人树作嵌运算,如式(3-32),即每棵人树的顶点与顶点并,弧与弧并,流率与对应流位相连,再将其他重要辅助变量的方程输入模型,得到存量流量图模型 $G(t)$,如图 3-7。

$$G(t) = T_1(t) \, \vec{\cup} \, T_2(t) \, \vec{\cup} \, T_3(t) \, \vec{\cup} \, T_{31}(t) \, \vec{\cup} \, T_{32}(t) \, \vec{\cup} \, T_{33}(t) \, \vec{\cup} \, T_{34}(t)$$
$$\vec{\cup} \, T_{35}(t) \, \vec{\cup} \, T_{36}(t) \, \vec{\cup} \, T_{37}(t) \, \vec{\cup} \, T_4(t) \, \vec{\cup} \, T_5(t) \, \vec{\cup} \, T_6(t) \, \vec{\cup} \, T_7(t) \, \vec{\cup} \, T_8(t) \, \vec{\cup} \, T_{81}(t)$$
$$\vec{\cup} \, T_{82}(t) \, \vec{\cup} \, T_9(t) \, \vec{\cup} \tag{3-32}$$

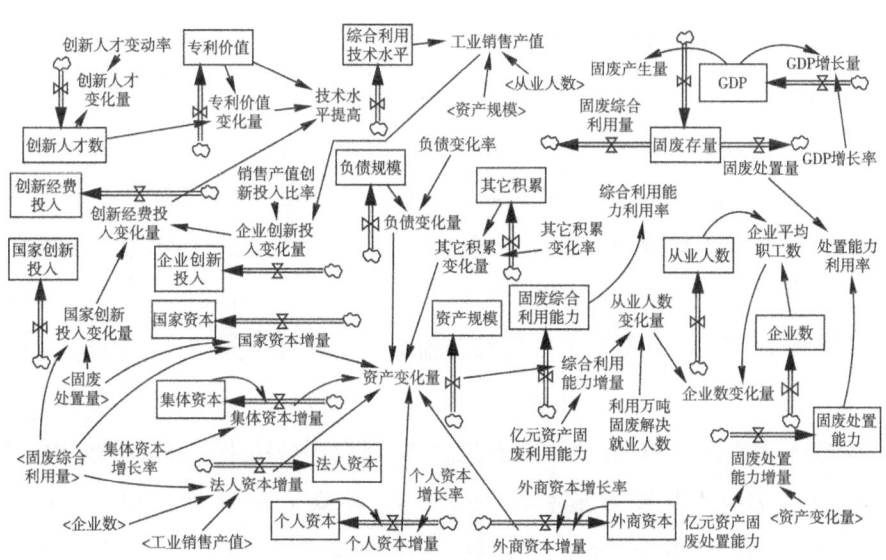

图 3-7 静脉产业园四链协同系统存量流量图

第二节 四链协同系统动力学模型

一、模型检验

(一) 结构检验

1. 结构评估

结构评估是将模型的因果关系与真实系统的因果关系从理论和实践两个方面进行定性分析,检验模型的结构是否合理,从而检验模型的有效性。本书选择几个有代表性的方程进行结构评估。

对于式(3-20),$R_A = (A_5)^{0.7} \times (A_H)^{0.15} \times (A_P)^{0.05} \times (A_6)^{0.05} \times (A_8)^{0.05}$,表示"静脉产业政策调节=处理能力缺口率^0.7×固废利用率^0.15×无害处置率^0.05×从业人数占比^0.05×GDP贡献率^0.05"。固废处理能力缺口率、固废利用率、无害处置率、从业人数占比、对GDP贡献率等变量均是政府调节静脉产业政策的依据,它们从环境、经济和社会三个方面体现了静脉产业园区的贡献。但是每个指标重要程度不同,对政策调整的影响程度有异,可以通过权重体现这种差异。静脉产业园区建设目的是尽最大可能利用固体废物,减少一次资源消耗,降低环境污染,因此,"处理能力缺口率""固废利用率"是最重要的指标,权重应高一些,社会效益指标"从业人口占比"的权重次之,经济效益指标"GDP贡献率"的权重应当最低。由于各指标的量纲不同,用加权几何平均法可消除量纲影响,因此本方程采用了加权几何平均方法计算政策调整值,它属于最常用的一种非线性多属性综合评价方法。该方程的结构合理,得到验证。

对于式(3-17),$A_Q = 0.2895 \times B_1$,表示"辖区固废产生量=0.2895×辖区年GDP"。在当前工业GDP占GDP总量较大比重的经济结构下,固废产生量与经济发展水平基本呈线性相关关系,经济越发展,固废产生量越多。据统计年鉴数据计算,每亿元工业GDP约产生0.2895万吨固体废物。但我们也注意到,随着环保政策力度加强,企业环保意识增强,工业生产中技术成分提高,亿元工业 GDP 固废产生量在逐渐降低,因此我们在模型中设置了"亿元工业 GDP 固废产生量"动态方程。由此可见,该方程结构合理,得到验证。

对于式(3-22), $L_1 = (L_3 \times C_1)^{0.95} \times (L_6)^{0.2} \times (L_E)^{0.1}$,表示"固废处置利用能力 = (资产规模×亿元资产固废处理能力)^0.65×技术与管理水平^0.25×生产性服务业完善程度^0.1"。固废处置利用能力主要与园区资产规模相关,权重较大,依据经验约为 0.65。据统计,亿元投资固废处理能力约为 7.54 万吨。当产能一定情况下,"单位投资产能"值常常被用作新建项目的投资估算依据。反之,依据项目的投资规模和"单位投资产能"值,可推算得到一个项目的大概产能。同时,园区技术与管理水平和生产性服务业完善程度对提升静脉产业园固废处理能力都有贡献,依据专家经验,权重分别为 0.25 和 0.1。由此可见,模型在结构上是合理的,得到验证。

对于式(3-24), $A_E = IF\ THEN\ ELSE(L_2 > A_7, 0, A_7 - L_2)$,表示"固废处置利用能力缺口 = $IF\ THEN\ ELSE$(固废处置利用能力>待处理固废量,0,待处理固废量-固废处置利用能力)"。静脉产业园区建设与发展的目的是尽最大可能处置利用固废,固废处置利用产能与待处理固废量的匹配问题是衡量其协同性的重要指标。产能不足会造成固废挤压,得不到及时处理会污染环境,并且会损失一部分可以利用的二次资源,需要及时动员企业或政府增加投入扩大产能。产能过剩造成资产闲置,浪费资源,损失效率,需要减缓投资。现实中,个别静脉产业园由于投资规模过大,常出现"吃不饱"现象。固废处置利用能力缺口衡量固废实际处理能力与待处理固废量之间的差额,方程对这个差额进行了逻辑判断,当这一差额大于或等于 0 时,表明不存在处置利用能力缺口,其值应该为 0,当这一差额小于 0 时,表明存在处置利用能力缺口,其值应当为待处理固废量与固废处置利用能力之差。由此可见,该方程结构合理。

对于式(3-8), $R_5(t) = \dfrac{dL_5(t)}{dt} = d(L_1(t) \times C_5)/DT$,表示"从业人数变化量 = 固废综合利用能力变化量×处理万吨固废吸纳就业人数"。固废处置利用及其配套的生产性服务项目,能够吸纳一部分劳动力就业,是静脉产业园社会效益的体现。本书通过计量方法,计算出万吨固废需要生产性人员数为 10.143 人,需要生产性服务人员数为 3.852 人。根据固废处理能力和单位固废需要生产性人员数及生产性服务人员数,即可计算出固废利用与处置业从业人数。该公式得到检验。

对于式(3-21),$R_6 = 1/(10 + EXP(-L_A \times C_W))$,表示"技术与管理进步 = $1/(10+EXP(-$创新成果数×创新成果转化率$))$",当技术与管理的科研成果真正转化为可以指导生产与管理实践时,固废综合利用及无害处置技术与管理才能进步,但并不是所有科研成果都能转化为实用技术,存在一个转化因子,并且科研成果与其转化率的乘积与技术进步之间也并非线性关系,而是呈指数方式增长。本模型结构合理,模型得到验证。

对于式(3-19),$L_A = ((L_{81} + L_{82}) \times C_G)^{0.3} \times (L_9 \times A_O)^{0.6} \times (L_D \times A_L)^{0.1}$,表示"创新成果数 =((政府科研投入+企业科研投入)×(亿元科研投入成果产出数)^0.3×(科研人数×人均科研成果)^0.6×(科技服务水平×科技服务科研成果贡献率)^0.1)"。静脉产业科研成果数,与科研经费投入、单位经费科研成果产出数、科研人才投入、人均科研成果数及科技服务发育水平有关,但它们对科研成果的贡献不是简单相乘和相加关系,而是一个相互制约的非线性关系。只有经费投入、人才投入和科技服务三要素相互匹配、相互协同,形成有机体时,才能产出更多科研成果。在这个有机体中,科研人才是重要因素,发挥着主导作用,应当给予充分重视。因此,本公式采用加权几何方法计算静脉产业园区创新成果数,模型结构在理论上合理可行,得到验证。

对于式(3-23),$R_B = LN(L_C) \times C_H$,表示"生产性服务增长 = $LN($政策力度$) \times$政策调节因子"。当政府重视发展废物利用领域的服务业时,有眼光的服务企业开始从事或加大废物处置与利用领域的服务投入,生产性服务得以增长。但是,不同企业对政策的敏感程度不同,重视程度和响应速度有很大差异,因此,生产性服务增长总体上与政策力度呈非线性正相关关系。本书参考李俊霞等(2016)的研究成果,采用政策力度自然对数值乘以调节因子方法计算生产服务增长和科技服务增长,模型结构合理。

2. 参数评估

参数评估是基于前人研究成果、历史数据、问卷数据或访谈数据,将模型中的参数(一般是常量)与真实系统中相应变量取值从理论和经验上进行比较,评价其性质上是否相同,数量是否合理,从而检验模型参数的有效性。表3-2是本书模型中重要参数的评估结果。

表3-2 静脉产业园四链协同系统动力学模型参数评估

参数	含义	数量	单位	数据来源
资产规模初值	模拟开始时静脉产业园资产价值	23	亿元	依据访谈记录,网页上2004年、2005年关于静脉产业园和生态工业园立项建设相关新闻报道中的投资数据计算得到
亿元资产固废处置利用能力	每亿元投资能处理固废的量	7.5387	万吨/(亿元·年)	依据获取到的静脉产业园的相关样本数据计算得到
处置利用万吨固废需生产人员数	每处置利用1万吨固废需要投入劳动力数	10.143	人/万吨	依据获取到的静脉产业园的相关样本数据计算得到
处置利用万吨固废需生产性服务人员数	每处置利用1万吨固废需要投入生产性服务人数	3.852	人/万吨	依据获取到的静脉产业园的相关样本数据计算得到
再生资源价格初值	每万吨再生资源的加权价格	0.09372	亿元/万吨	依据获取到的静脉产业园的相关样本数据计算得到
人均科研成果	科研人员每年人均科研成果	0.56	项/(人·年)	依据获取到的静脉产业园的相关样本数据计算得到。科研成果数指专利申请数量

续表 3-2

参数	含义	数量	单位	数据来源
亿元科研投入科研成果产出数	每亿元科研经费产出科研成果项数	749.776	项/亿元	依据获取到的静脉产业园的相关样本数据计算得到
科研成果转化率	科研成果中转化成实用技术的比例或程度	25.6	%/项	专家访谈数据
科技服务对科研成果贡献率	科技服务对科研成果的贡献系数	10	%	专家访谈数据
政策力度初值	模拟开始时政策力度值	1	1	依据专家建议,假定2005年政策力度值为1
银行贷款初值	模拟开始时银行对静脉产业贷款数额	0.0396	亿元/年	依据访谈记录和获取到的静脉产业园的相关样本数据计算得到

静脉产业园四链协同系统动力学模型中的参数均是根据访谈、相关新闻报道、样本园区年报数据计算得到,有充分依据,模型参数得到验证。

3. 模型边界及其充分性检验

模型边界列出系统内生变量、外生变量和模型不予考虑的变量。表3-3列出了静脉产业园四链协同发展系统动力学模型的边界。

表 3-3　静脉产业园四链协同系统动力学模型边界

变量	说明
内生变量	
固废处置利用能力	随园区资产规模、技术与管理水平、生产性服务水平变化而变化
固废处置利用能力缺口	与固废处置利用能力和待处置利用固废量有关,二者之差

续表 3-3

变量	说明
静脉产业园就业人数	随着产业园固废处置利用能力增长而增长
固废处置利用技术与管理水平	固废综合利用和无害处置技术与管理进步积累的结果，随技术与管理进步而提高
静脉产业园资产规模	政府、法人、个人等投入积累的结果，随投入增加而提高
园区科研成果数	随科研经费和人员投入增长而增长
政府投入强度、企业投入强度、银行贷款增长、外资投入增长、科研人数增长、生产服务增长、科技服务增长	均随政策力度加强而提高
生产服务水平、科技服务水平	随服务投入增长而提高
静脉产业园工业增加值	随固废综合利用量、价格提高而提高
政策调整	受政府对静脉产业园经济、环境和社会绩效等因素的影响
政策力度	政策调整变量的累积值
外生变量	
辖区工业 GDP、辖区就业人数、再生资源单价	不随系统内其他变量变化而变化，但它们对系统的内生变量产生影响
固废产生量、待处理量	
处理万吨固废需生产人员数、生产性服务人员数	
人均科研成果、亿元科技投入成果产出数	
园区资产规模初始值	
模型边界之外的变量	
亿元工业 GDP 固废产生量降低值和降低率	与本模型要研究的问题没有关系，但对模型外生变量有影响
辖区工业 GDP 增长率和增长量	
再生资源涨价率和价格增长	

本书假设再生资源价格只受市场供求关系影响。由表3-3可知，静脉产业园四链协同系统动力学模型内生、外生和不予考虑的变量界定清晰，模型边界是充分的。

4. 适应性检验

本系统在对产业链子系统、创新链子系统、资金链子系统、服务链子系统进行全面分析基础上，确保变量之间关系的正确性、参数的客观性，通过Vensim PLE软件自带的模型检验和量纲检验工具进行模型正确性检验。检验结果表明，本书所建立的静脉产业园四链协同系统动力学模型正确，量纲一致。

（二）行为检验

1. 极限情况测试

极限情况测试，即模型鲁棒性测试，是将参数值设置为极限值时，检查模型行为与真实系统在极端条件下的行为是否一致，从而检查模型的逻辑正确性（Barlas，1996）。固废存量是一个状态变量，是待处理固废量减去实际处理固废量的差，其中待处理固废量为上年末固废存量与本年度收集固废量之和。如果本年待处理的固废没有被完全处理，则形成存量（即存量>0）积累到下年待处理，否则不会形成固废存量（即存量=0）。因此，固废存量的最小值为0，而不应该小于0。

形成该极值的条件是实际处理固废量等于待处理固废量，而实际处理固废量由固废处理能力决定，只有当固废处理能力大于待处理固废量，且能力利用率达到100%时，才会出现固废全部被处理的情况。但无论固废处理能力高出待处理固废量多少，都不应该造成固废存量为负的情况。因此，我们让固废处理能力大于等于待处理固废量，且能力利用率设为100%，在此极值条件下，检验固废存量是否会出现小于0的现象。

检验结果见图3-8，在前三年固废处理能力不足，导致实际处理量小于待处理固废量，造成固废挤压，在第四年达到最高值，其后随着固废处理能力增长，逐渐消化库存，到第八年时固废处理能力超过待处理固废量，固废存量变为0，以后由于固废处理能力一直高于待处理固废量，固废存量保持为0，没有出现负库存之逻辑错误。模型模拟结果与预期相符，通过了极值检验。

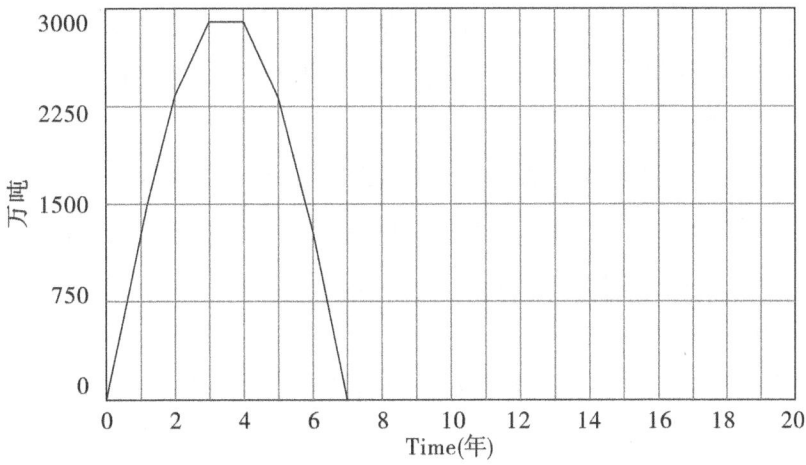

固废存量：Current ─────────────

图3-8 固废处理能力大于待处理固废量且利用率为100%极值条件下固废存量极限情况测试

2. 敏感性测试

敏感性测试是针对估计准确程度不高的参数，检验这些参数取值发生变化时，模型其他变量模拟值的变化是否合理。钟永光等(2017)认为，模型敏感性可以分为两种情况：一是行为模式敏感，二是数值敏感。

行为模式敏感就是参数 X 的数值变化导致与 X 相关的变量 Y 的行为模式变化，例如，由原来的先增后减、S 型增加、几何级数递减等行为模式变为先减后增、震荡变化、几何级数递增等行为模式。Forrester(1980)认为，如果变量 Y 对参数 X 存在行为模式敏感行为，就应当对模型结构做深入分析，检查模型结构是否合理，如果模型结构有问题则修改模型结构。如果模型结构正确，是参数 X 变化后通过反馈回路引起变量 Y 行为模式改变，则说明参数 X 很关键，需要确认参数 X 的取值，因为它取不同值，模型行为相差很大。同时，也说明参数 X 是重要的政策变量，应当对参数 X 予以充分关注，因为它对系统的影响很大，改变这个参数可以改变系统未来的行为模式或发展方向。

数值敏感就是参数 X 的数值变化仅仅导致与 X 相关的变量 Y 的数值变化，而不会引起变量 Y 行为模式改变。在模型结构正确情况下，参数 X 数值变化能且只能引起变量 Y 数值变化，如果没有引起变量 Y 数值变化，需要检

查参数 X 和变量 Y 所在反馈回路在结构上是否合理。如果参数 X 数值无论怎样变化,其他相关变量数值都不变化,就说明参数 X 在模型中存在的意义不大,应当去掉。

系统动力学创始人福瑞斯特曾经强调,用系统动力学方法建模目的不是精确预测未来,而是探索与揭示事物的内在联系和问题产生的潜在机制,并寻求解决问题的关键策略(Forrester,1980)。因此,对模型进行敏感性测试是必要的。

统计数据表明,近年来我国坚持创新发展理念,推进产业结构转型升级,服务业得到较快发展,已成为我国经济发展的主动力,2017 年,我国服务业增加值 427032 亿元,占 GDP 的比重为 51.6%,超过第二产业 11.1 个百分点,成为我国第一大产业。服务业增加值在过去 5 年增速均高于第二产业。在这种情况下,亿元工业 GDP 固废产生量近几年正在以每年约 12% 的速率降低,该参数是笔者依据统计数据回归得到的,显著性水平不高($P = 0.213$),因此这个估算值不够准确,会影响反馈回路上其他变量的模拟结果,比如固废产生量、固废综合利用量等。下面以亿元工业 GDP 固废产生量降低率取不同值时固废综合利用量和固废产生量敏感性测试为例,测试模型的敏感性。本书分别以亿元工业 GDP 固废产生量降低率 9%、12%、15% 三种情况做敏感性测试,结果如图 3-9、3-10 所示。

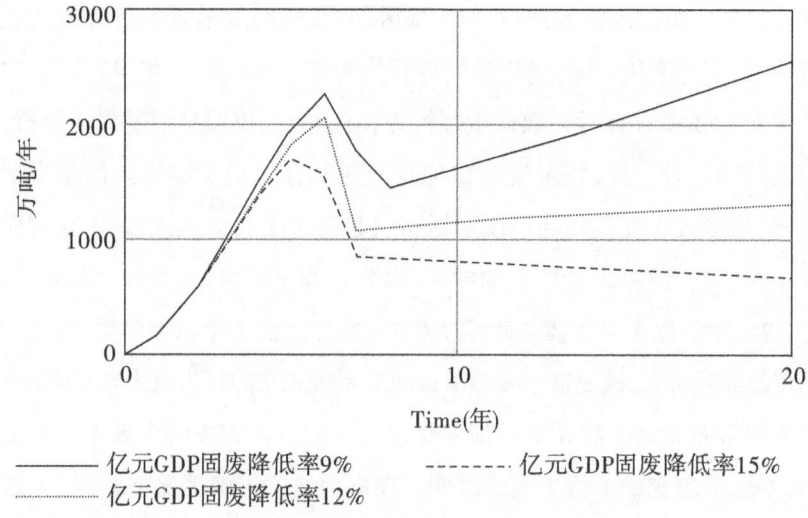

图 3-9　亿元工业 GDP 固废产生量降低率取不同值时的固废综合利用量

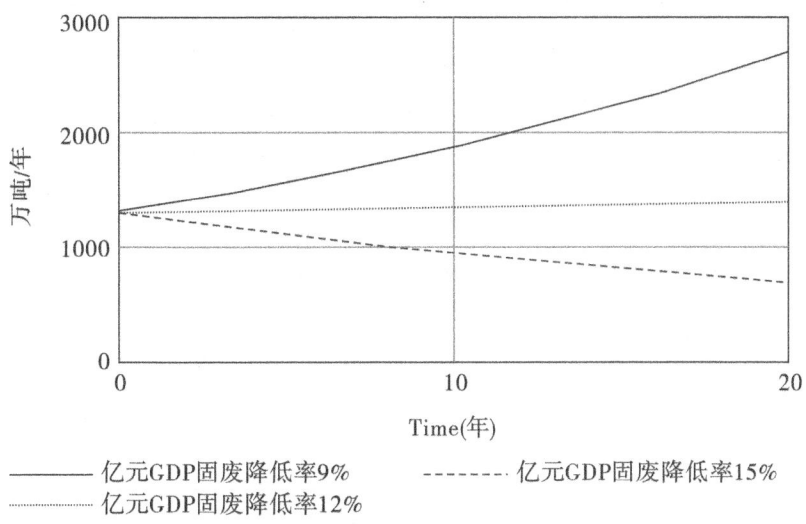

图 3-10　亿元工业 GDP 固废产生量降低率取不同值时的固废产生量

图 3-9 和图 3-10 表明，当亿元工业 GDP 固废产生量降低率取 9%、12%、15% 时，固废产生量存在行为模式敏感，9% 时为逐渐递增，15% 时逐渐递减，12% 时基本持平略有下降。固废综合利用量在前 5 年存在数值敏感，第 5 年之后存在行为模式敏感。这是因为，当亿元工业 GDP 固废产生量降低率取 9% 时，低于估计值 12%，尽管存在降低率，但固废产生量仍然在增加。当取值为 15% 时，高于估计值 12%，固废产生量下降速度快，导致每年产生的固废在逐渐减少，符合真实系统的情况。同时，这也说明，亿元工业 GDP 固废产生量的降低速率可能是将来考虑的政策点。测试结果表明模型通过了敏感性测试。

3. 积分错误检验

积分错误检验是用来评估模型的表现结果对于不同时间步长选择是否敏感（Sterman，1989）。系统动力学模型是基于微积分的数学模型，期望反映的是连续型现实系统，但模型本身无论选择多大时间步长都是一个间断系统，只有当步长设置得足够小，才可以近似地认为模型是连续型的。静脉产业四链协同系统动力学模型建模时选择时间步长为 0.125 年（即每 1/8 年产生一次积分），现将这个步长分别减小到 0.0625（1/16）和 0.03125（1/32），再次运行模型，比较运行结果，发现模型在不同时间步长下运行时,大多数状态变量模拟结果重叠,个别变量仅仅发生了很小变化,这表明各状态变量的积分结果在不同时间步长下,模型通过了积分误差检验,可以采用0.125年作为其时间步长。由于模型中状态变量比较多,篇幅所限,本书仅给出了静脉产业园区生产性服务水平和资产规模两个状态变量的积分检验模拟结果,如图3-11、3-12所示。

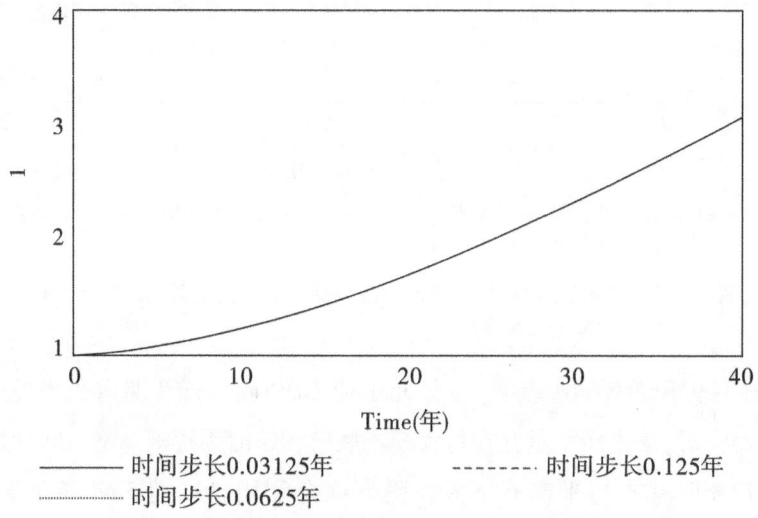

图3-11 生产性服务水平积分检验模拟结果

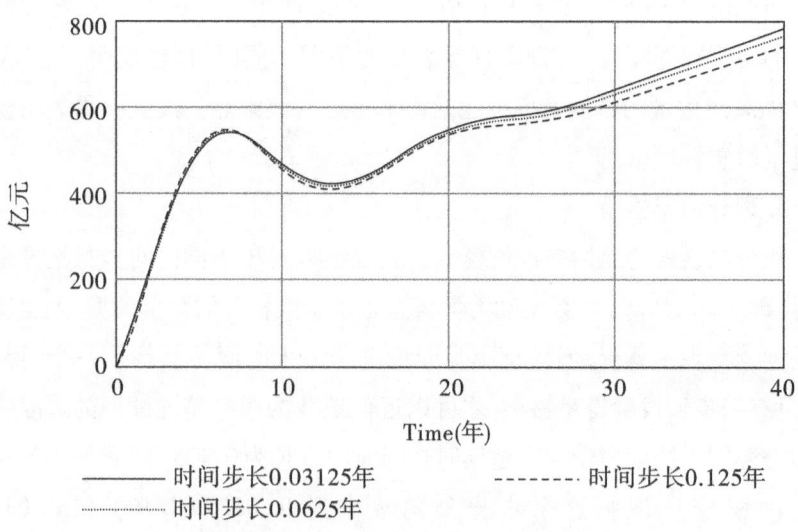

图3-12 园区资产规模积分检验模拟结果

(三)历史检验

历史检验用来估计模型仿真结果与历史数据拟合程度,一般用仿真结果的逐点数据与历史数据作对比的方法进行检验,差额在10%内视为模型有效。本书选取2006—2015年31个静脉产业园(含生态工业园)的人均工业增加值(中位数)、单位工业增加值固废产生量(中位数)、静脉企业数量(合计值)、资产规模(合计值)、从业人数(合计值)、年申请专利数(合计值)、固废综合利用率(中位数)、科研经费投入(合计值)、从事科研活动人数(合计值)等指标作为检验变量,将各指标历史数据与仿真结果对照。结果表明各指标误差率均在10%以内,如表3-4至表3-7所示,模型通过历史检验。

表3-4 人均工业增加值和单位工业增加值固废产生量检验结果

年份	人均工业增加值(万元/人)			单位工业增加值固废产生量(吨/万元)		
	历史值	模拟值	误差率(%)	历史值	模拟值	误差率(%)
2006	9.60	9.87	2.81	0.071	0.074	4.23
2007	11.45	11.93	4.19	0.062	0.064	3.23
2008	11.30	11.74	3.89	0.049	0.051	4.08
2009	12.10	12.57	3.88	0.051	0.053	3.92
2010	15.99	16.48	3.06	0.036	0.037	2.78
2011	15.14	15.83	4.56	0.042	0.044	4.76
2012	17.02	17.77	4.40	0.038	0.039	2.63
2013	20.64	20.02	-3.00	0.032	0.031	-3.13
2014	24.44	23.79	-2.66	0.021	0.02	-4.76
2015	24.85	23.91	-3.78	0.018	0.017	-5.56

表 3-5 静脉企业数和园区资产规模检验结果

年份	静脉企业数(个)			园区资产规模(亿元)		
	历史值	模拟值	误差率(%)	历史值	模拟值	误差率(%)
2006	27	29	7.4	26.75	25.98	-2.88
2007	132	140	6.06	60.46	58.67	-2.96
2008	371	352	-5.12	156.93	151.43	-3.5
2009	465	477	2.58	201.6	211.78	5.05
2010	549	553	0.72	220.34	215.89	-2.02
2011	677	706	4.28	328.40	313.23	-4.62
2012	781	810	3.71	342.62	340.54	-0.61
2013	823	858	4.25	385.02	400.73	4.08
2014	896	937	4.57	469.81	481.48	2.48
2015	973	1033	6.17	603.11	597.39	-0.95

表 3-6 年申请专利数和固废综合利用率检验结果

年份	年申请专利数(个)			固废综合利用率(%)		
	历史值	模拟值	误差率(%)	历史值	模拟值	误差率(%)
2006	34	36	5.88	94.7	91.7	-3.17
2007	75	79	5.33	94.2	92.3	-2.02
2008	102	98	-3.92	95.5	94.2	-1.36
2009	174	165	-5.17	95.7	93.7	-2.09
2010	196	207	5.61	96.2	94.3	-1.98
2011	243	258	6.17	95.6	94.7	-0.94
2012	278	295	6.12	96.3	95.2	-1.14
2013	302	318	5.3	96.0	94.8	-1.25
2014	367	351	-4.36	95.8	95.5	-0.31
2015	409	431	5.38	94.6	96.7	2.21

表3-7　科研经费投入和从事科研活动人数检验结果

年份	科研经费投入(万元)			从事科研活动人数(人)		
	历史值	模拟值	误差率(%)	历史值	模拟值	误差率(%)
2006	374	391	4.55	470	482	2.55
2007	452	476	5.31	487	497	2.05
2008	688	715	3.92	487	502	3.08
2009	940	980	4.26	516	534	3.49
2010	1559	1507	-3.34	530	551	3.96
2011	1843	1798	-2.44	548	570	4.01
2012	2084	1980	-4.99	569	587	3.16
2013	1928	1978	2.59	573	595	3.84
2014	2172	2065	-4.93	594	606	2.02
2015	2262	2213	-2.17	588	613	4.25

二、模型仿真

前面的静脉产业园四链协同系统模型是基于全国31个静脉产业园或生态工业园区数据而构建的,在通过结构检验、行为检验和历史检验后,为了进一步讨论产业发展能力、创新能力、服务能力、资金筹集和流动能力对静脉产业园绩效的影响,以某一个具体的静脉产业园为例,通过调控变量,模拟产业链优化、创新引领、生产性服务水平改善、资金投入变化对系统产出的影响。下面以天津子牙静脉产业园为例,从优化回收网络(增加有回收资质企业的固废回收量)、增加创新投入、提高生产性服务投入、提高政府和企业资产投入等四种情景对模型进行仿真模拟,在此基础上提出政策优化方案。

(一)天津子牙静脉产业园简况

天津子牙静脉产业园区始建于2003年,是2006年国家发展和改革委员会、国土资源部批准的第六批省级开发区之一,2012年国务院办公厅批准天津子牙静脉产业循环经济区(子牙工业园区)升级为国家级经济技术开发区,定名为天津子牙经济技术开发区。开发区位于天津市静海区西南部,规划面积 49.34 km²，范围为：北至园区二十二号路、静文公路、新城十三号路，东至重庆道、子牙东道，南至园区规划干路五、新城一号路，西至子牙耳河、王口排干。

作为全国第一家以循环经济为主导产业的国家级经济技术开发区，天津子牙静脉产业园区始终秉持循环、低碳、绿色的发展理念，坚持创新驱动，转型升级。开发区以静脉产业为主导，逐步向动脉产业延伸，重点发展再生资源、精深加工再制造和节能环保新能源等产业，从再生原料供应基地转型为"固废回收—拆解处理—再制造与深加工—制造业"基地，实现了产品相互支撑、产业链延伸，形成了静脉产业促进和反哺动脉产业的发展格局，在京津冀协同发展和服务雄安新区建设等区域废旧物资的循环利用、环境污染防治中发挥了作用，为全国循环经济产业的发展提供了示范。先后被国家发改委、财政部、工信部和环保部等批准为"国家'城市矿产'示范基地""国家新型工业化产业示范基地""国家级废旧电子信息产品回收拆解处理示范基地""国家循环经济试点园区""国家进口废物'圈区管理'园区""国家循环经济教育示范基地"和"中国国际青少年活动中心（天津）"等。2016年，开发区完成地区生产总值41.14亿元，同比增加10.1%，工业总产值184.2亿元，同比增长5.6%，工业增加值37.16亿元，同比增长9.5%，经济实力进一步提升。

天津子牙国家循环经济生态工业示范园区近几年在废弃资源回收利用方面发展卓有成效。开发区始终坚持以构建工业区、林下农业循环经济示范区、科研居住服务区"三区联动"为基础，以构筑再生资源、精深加工再制造和节能环保新能源三大支柱产业为支撑，全力推进静脉类国家生态工业示范园区建设。开发区围绕废旧机电、报废汽车、废弃电器电子、废橡塑及精深加工再制造等主导行业，不断发掘行业之间废物交换的潜力，积极寻找企业再生产品在行业内部及外部的资源化利用途径，促成有意向的企业相互交换利用废物，横向拓展产业链，建立区内产业之间的共生关系，如"电子废物拆解—废旧机电拆解/废塑料再生"共生体、"废旧机电拆解—废塑料再生"共生体、"报废汽车拆解—精深加工再制造"共生体、"废旧机电拆解—精深加工再制造"共生体、"废塑料—精深加工再制造"共生体。

除了行业之间的共生链条外,开发区还建立起了"废物回收—拆解加工—再生资源交易—再生产品加工"产业共生链,在废物回收环节,开发区利用国内国外两个市场,从国外市场进口废旧机电和废塑料,利用国内建设的回收点以及"回收哥""百度回收站"等网络回收平台收集报废汽车、废家电及废塑料,有效保障了原料来源。固废经拆解加工产生铜、铁、铝、塑料、零部件等再生资源,进入子牙再生资源交易市场进行交易,在区内深加工制造出再生产品,提升了加工深度和产品附加值。

开发区不断优化产业结构,加快发展动脉产业,重点推进精深加工再制造和节能环保新能源产业发展,实现动脉衔接静脉。2016 年,天津金火炬合金材料制造有限公司投资 3166 万元建成的锌合金生产项目投产,以区内企业产生的废铝为原料生产锌铝合金和锌铝锑合金,形成了年产 3.5 万吨锌合金的生产规模;淮海车辆制造有限公司年产新能源电动车 30 万辆项目已经投产。

近年来,开发区加强人才培养和引进,大力发展科技型中小企业,截至 2016 年累计认定科技型中小企业 189 家,其中培育科技小巨人企业 21 家,科技小巨人领军企业 1 家(天津博瑞特金属制品有限公司)。

但是,在调研中发现,天津子牙循环经济技术开发区仍存在以下问题和制约因素:

1. 废旧商品回收体系有待健全

京津冀的废旧商品回收由政府主导和市场自发形成的两套体系组成,后者主要由无资质的个体从业者组成,导致大部分高质量的废旧商品流向这些无资质、环保不达标的个体从业者,使得政府主导的回收体系利用率不高,园区有条件有能力引进或采用新技术、新工艺、新设备,但废旧商品的原料供给难以有效支撑"静脉产业"规模发展,规模化发展面临着"原料"供不应求的问题。

2. 环境管理能力仍显不足

园区内的废旧机电产品拆解处理企业和废塑料再生企业较多,点源数量多、规模小,含油废水、含重金属废水、粉尘、VOCs 等污染防治任务重,土壤、地下水等环境质量监测能力不足。

3.科技创新能力需进一步加强

生态工业是一个复杂的系统工程,需要强有力的科技支撑。当前,园区已经建立起产学研合作机制和若干机构,但从数量上来看,无论是科研项目数量还是成果转化数量,均不能满足园区纵向产业链延伸的需求,精深加工再制造方面的科研和技术创新工作还有很大的缺口。

(二)仿真结果输出

在当前各参数数值下,按照历史发展平均水平,保持资金投入、创新投入、生产性服务水平、政策相对稳定情况下,静脉产业园的人均工业增加值($PCIAV$)、单位工业增加值固废产生量($SWIAV$)、固废处置利用能力($WDUC$)、固废综合利用率(CUR)、吸纳就业人数($EMPL$)、公众对环境的满意度($SATIS$)、公众对生态工业的认知率($COGN$)的仿真结果如表3-8所示。

表3-8 模型中重要指标的仿真值

年份	PCIAV (万元/人)	SWIAV (吨/万元)	WDUC (万吨)	CUR (%)	EMPL (万人)	SATIS (%)	COGN (%)
2005	9.66	0.081	5412.60	90.2	0.0390	85.3	84.7
2006	9.87	0.074	6774.20	91.7	0.0590	85.4	86.4
2007	11.93	0.064	7583.07	92.3	0.3320	85.7	88.6
2008	11.74	0.051	8588.65	94.2	0.7100	85.7	90.5
2009	12.57	0.053	9283.68	93.7	0.6825	85.8	91.7
2010	14.48	0.037	10951.80	94.3	0.6960	85.8	93.1
2011	15.83	0.044	13418.47	94.7	0.7815	85.9	90.7
2012	17.77	0.039	13795.48	95.2	0.8237	85.9	93.2
2013	20.02	0.031	14564.36	94.8	0.8860	86.1	91.3
2014	23.79	0.023	14385.43	95.5	0.8940	86.1	92.2
2015	23.91	0.017	13753.24	96.7	0.9155	86.2	93.6
2016	24.03	0.017	12702.38	96.5	0.9140	86.3	94.1
2017	24.15	0.017	12893.45	96.5	0.9414	86.9	94.1
2018	24.19	0.016	12980.23	96.8	0.9592	87.2	94.6

续表 3-8

年份	PCIAV（万元/人）	SWIAV（吨/万元）	WDUC（万吨）	CUR（%）	EMPL（万人）	SATIS（%）	COGN（%）
2019	24.23	0.016	13078.89	96.8	0.9785	87.8	94.9
2020	25.56	0.016	13928.77	96.9	0.9837	88.2	95.1
2021	25.93	0.015	14750.65	96.9	0.9898	88.7	95.2
2022	25.97	0.015	14951.69	96.9	1.0231	89.4	95.2
2023	26.58	0.014	15123.76	97.1	1.0764	90.2	95.3
2024	26.83	0.014	15347.43	97.1	1.1033	90.7	95.5
2025	27.02	0.013	15390.78	97.2	1.1371	91.3	95.5
2026	27.17	0.012	15768.67	97.2	1.1739	91.7	95.5

从表 3-8 可以看出，人均工业增加值（PCIAV）、吸纳就业人数（EMPL）、公众对环境的满意度（SATIS）、公众对生态工业的认知率（COGN）基本上都在逐年提高，单位工业增加值固废产生量（SWIAV）在逐年减少，这与固废处置利用能力（WDUC）和固废综合利用率（CUR）逐年提升关系密切。回归结果也证明了这一点，分别以 PCIAV、SWIAV、EMPL、COGN 为因变量，以 WDUC 和 CUR 为解释变量进行回归，结果表明，多数在 1% 水平上显著，如表 3-9 所示。这说明，提高固废处置利用能力和综合利用率，不仅能够增加人均工业增加值、降低单位工业增加值固废产生量，促进就业，还能够得到公众对生态工业的认知，赢得公众对环境的满意度。

表 3-9 预测变量回归结果

解释变量	被解释变量							
	PCIAV	*PCIAV*	*PCIAV*	*SWIAV*	*SWIAV*	*EMPL*	*COGN*	*COGN*
WDUC	0.0019***		0.00095**	-0.00001***		0.0001***		
CUR		2.968***	3.451***		-0.01058***		1.4787***	
EMPL			-12.043*			–		9.3481***
_CONS	-2.7697	-262.6***	-310.8***	0.1117***	1.0404***	-0.372***		
R^2	0.8151	0.8855	0.9152	0.8390	0.9679	0.8747	0.9419	0.9120

(三) 情景分析

在静脉产业园四链协同动力学模型中,系统行为受两方面的影响:一是由系统结构与惯性决定的系统内力;二是可以人为调整的参数,这些参数在政策的作用下,影响着系统的行为。通过对系统参数的调控,可以观察到不同情境下静脉产业园发展情况,从而通过对比试验,选择最佳的政策路径。情景分析法就是在既定的系统结构下,借助参数调控的方法,观察未来可能发生的情况。与传统的根据历史轨迹趋势外推预测未来方法相比,情景分析法具有较大的灵活性和全面性。

天津子牙循环经济生态工业园区经过多年发展,取得了巨大成就,静脉产业园已经成为天津固体废物处置利用的主要基地。通过对静脉产业园四链协同系统动力学模型优化与调整,将政策调整体现在模型参数变化中,据此观察参数变化后系统的变化情况,为决策提供参考依据。下面以天津子牙静脉产业园区为例,分别针对不同情景分析讨论政策优化调整途径。

1. 基准情景——现行方案

在所有参数都不被干涉的情况下,按照历史数据推测系统发展情形,用于仿真实验的参照。

2. 优化产业链情景——调整方案一

产业链优化情景是在基准情景基础上,提高有回收资质企业的固废回收比例(从63%提高到80%),同时增加产业共生链的条数(由4条增加到6条),讨论在此情景下静脉产业园区绩效指标的变化。

3. 增加创新投入情景——调整方案二

增加创新投入情景是在优化产业链情景基础上,增加创新人员投入(10%)和创新经费投入(20%),同时提高创新成果转化率(10%),在此情景下讨论创新投入对静脉产业园区绩效指标的影响。

4. 提高生产性服务投入情景——调整方案三

提高生产性服务投入情景是在增加创新投入情景基础上,增加生产性服务人数(20%),提高生产性服务能力,讨论在此情景下静脉产业园绩效指标的变化。

5.增加资金投入情景——调整方案四

增加资金投入情景是在提高生产性服务投入情景基础上,增加国家和法人对静脉产业的资本投入(分别为1%和5%),讨论在此情景下静脉产业园绩效指标的变化。

利用系统动力学模型对上述情景进行仿真模拟,讨论不同情景下人均工业增加值、单位工业增加值固废产生量、固废综合利用率、固废处置利用能力、公众对环境满意度、公众对生态工业认知率等指标的变化。不同方案系统仿真结果如图3-13至图3-18所示。

由图3-13至图3-18可以看出,总体上,采取优化产业链措施、增加创新投入、提高服务能力措施和增加资本投入措施对降低单位工业增加值固废产生量、提高人均工业增加值、固废综合利用率、固废处置利用能力、公众对环境的满意度、对生态工业的认知率均具有明显的正向影响。

在局部年份,比如2006—2009年,四种方案采用后,人均工业增加值不仅没有提升反而降低了。分析原因发现,在这期间,中国房地产发展迅猛,产生了大量的建筑固体废物,可这些建筑垃圾除了用于填筑路基、沟壑之外,没有发挥太大的经济价值,直到2009年年底,政府为了解决建筑垃圾占用大量土地问题,推行建筑垃圾再利用技术,将建筑垃圾粉碎后加入添加剂,压制成环保砖等环保建材,才使得建筑垃圾逐渐变废为宝,产生更大的经济效益,模拟结果与现实非常符合。

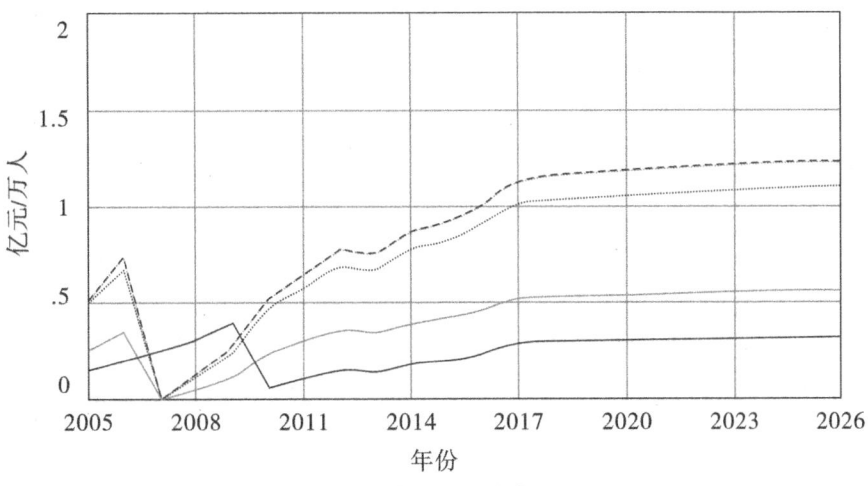

图 3-13　人均工业增加值模拟图

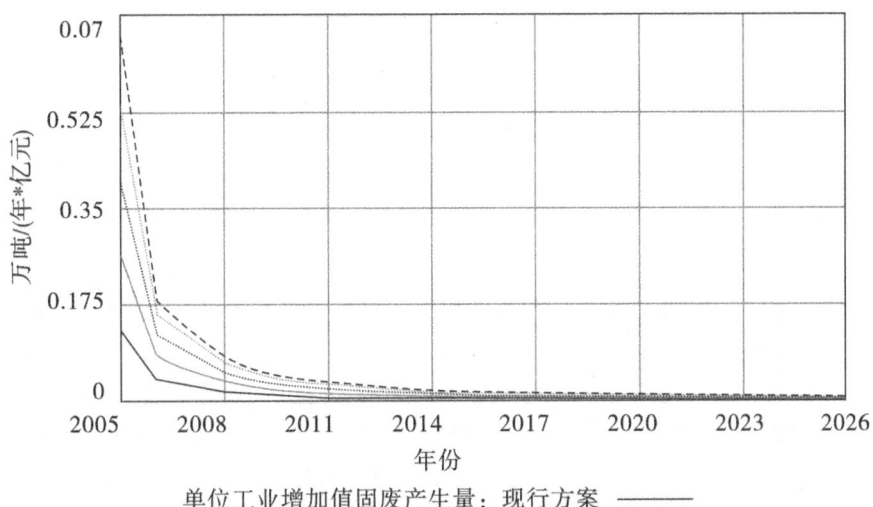

图 3-14　单位工业增加值固废产生量模拟图

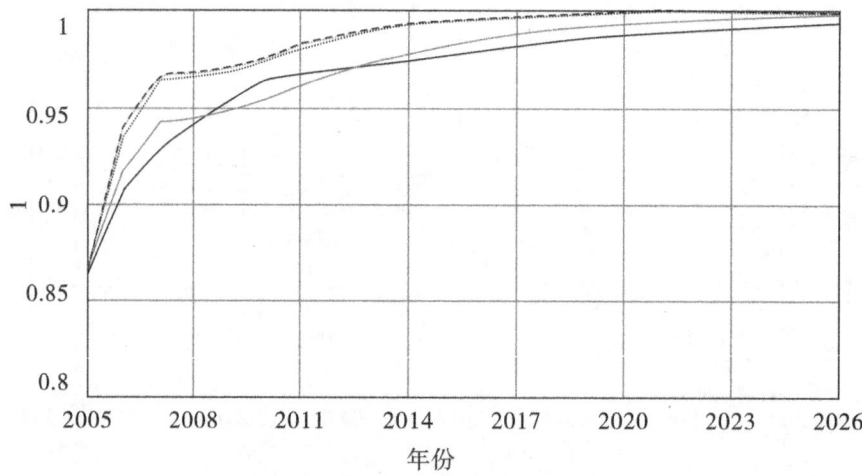

图 3-15　废物综合利用率模拟图

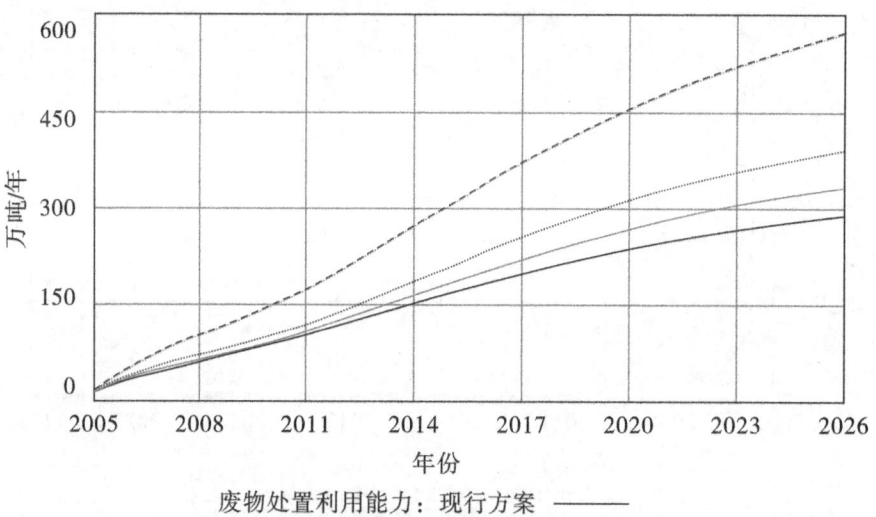

图 3-16　固废处置利用能力模拟图

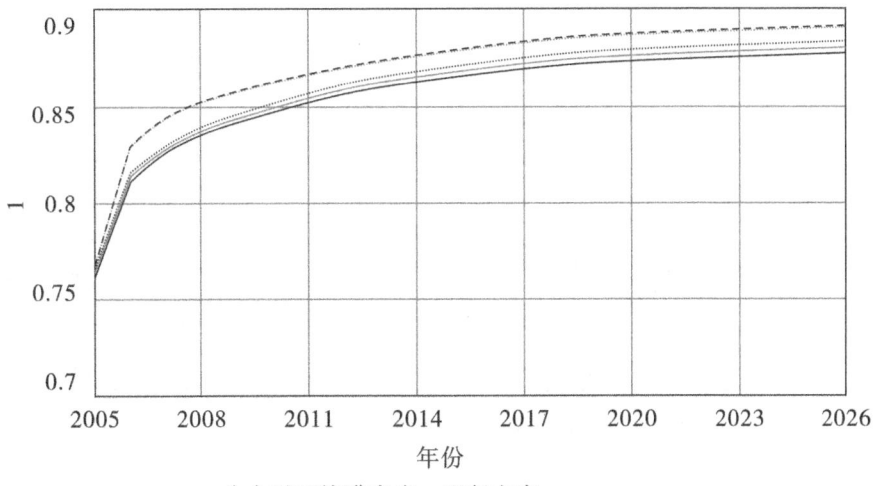

图 3-17 公众对环境满意度模拟图

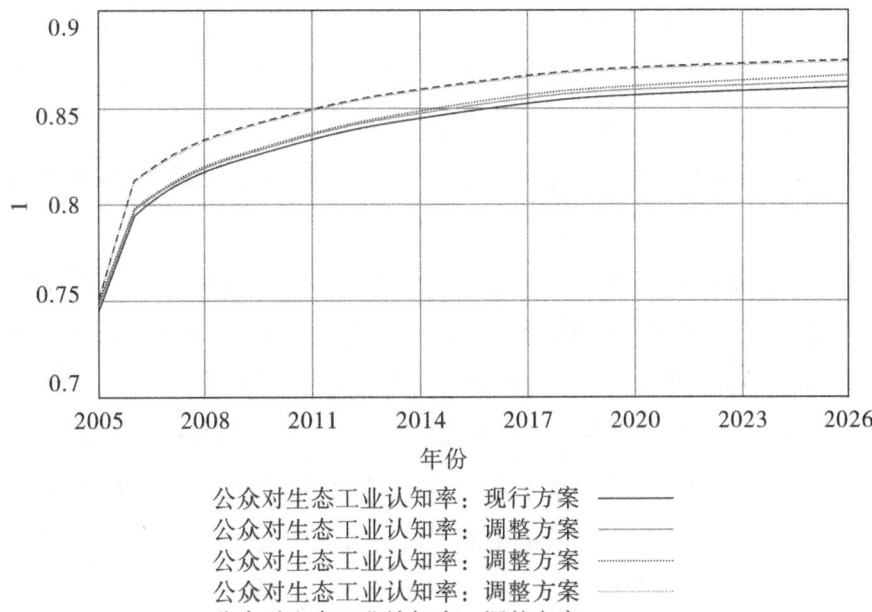

图 3-18 公众对生态工业的认知率

本章小结

本章分析了静脉产业园四链协同动力机制和主要反馈回路,分析了四个子系统中各变量之间的因果关系、系统特征,确定了四链协同系统的参数,构建了系统中重要流率变量的基本入树模型和一些重要的方程模型,在此基础上通过嵌运算生成静脉产业园四链协同系统动力学模型的数据流图。

对模型结构检验结果表明,本书构建的静脉产业园四链协同系统动力学模型结构合理;参数值根据访谈、相关新闻报道、样本园区年报数据计算得到,有充分依据;模型内生、外生和不予考虑的变量界定清晰,并且通过了 Vensim PLE 软件的正确性检验,变量量纲一致。对模型行为检验结果表明,模型在极限情况下,行为与真实系统一致。对模型中"亿元工业 GDP 固废产生量降低率"取不同值情况下敏感性测试结果表明,固废产生量存在行为模式敏感,固废综合利用量在前 5 年存在数值敏感,第 5 年之后存在行为模式敏感,而且模拟值变化处于合理区间,表明模型通过了敏感测试。对模型进行积分错误检验结果表明,模型在不同时间步长下运行时,大多数状态变量模拟结果重叠,个别变量仅仅发生了很小变化,说明各状态变量的积分结果在不同时间步长下一致,模型通过了积分误差检验。对模型进行历史检验结果表明,多数变量误差率均在 10% 以内,符合误差要求。

静脉产业链的一阶系统具有指数增长行为与找寻目标行为两种过程。在静脉产业发展初期,由于政策支持,静脉产业链发展较快,呈指数增长态势,这个阶段静脉产业链的发展主要受到正反馈回路的作用。但是发展到一定程度后,如果技术创新、管理创新跟不上,产业发展速度就会降低,最后增长的速度变为 0,这时候系统的负反馈回路发挥了主导作用,系统会稳定在某个状态。

本书以天津子牙静脉产业园为例对模型进行仿真。仿真结果表明,提高固废处置利用能力和综合利用率，不仅能够增加人均工业增加值、降低单位工业增加值固废产生量、促进就业，还能够提高公众对生态工业的认知率，赢得公众对环境的满意，具有显著经济效益和社会效益。

本书进一步对比分析了优化产业链、提高创新投入、提升生产性服务能力、加强资金支持四种方案下静脉产业园四链协同仿真结果。总体上，采取优化产业链措施、增加创新投入措施、提高服务能力措施和增加资本投入措施对降低单位工业增加值固废产生量、提高人均工业增加值、固废综合利用率、固废处置利用能力、公众对环境的满意度、公众对生态工业的认知率均具有明显的正向影响。模拟结果与现实非常符合。

第四章
静脉产业园四链政策协同效果评价

第一节 问题的提出

新世纪以来,我国经济建设进入高速发展期,资源消耗及废物产生总量逐年上升,资源短缺和环境污染问题日渐凸显,经济社会可持续发展能力面临重大挑战。相关数据表明,截至 2015 年年底,中国铜、铁、铅、锌等重要矿产资源只有不足 20 年的基础储量(顾一帆等,2016),中国固体废物储存量 59175 万吨。[①] 实际上,中国政府早已预见这些问题,并出台一系列关于减少废物产生、降低污染、提高资源利用效率、发展循环经济的政策。2005 年国务院颁布《关于加快发展循环经济的若干意见》,2005 年党的十六届五中全会提出大力发展循环经济、完善再生资源回收利用体系的要求,2006 年国家发改委颁布《静脉产业类生态工业园区标准(试行)》,2007 年中共十七大提出,到 2020 年循环经济要上规模,可再生资源能源比重要显著上升。2009 年开始实施的《循环经济促进法》把废弃物再利用和资源化内容单列一章。2012 年党的十八大报告再次强调资源节约型、环境友好型社会建设。2017 年党的十九大报告进一步强调壮大节能环保产业,推进资源全面节约和循环利用。中国政府期望通过采取各种政策措施,促进实现资源循环利用、充分利用,减少废物排放,达到既节约资源又改善人类生存环境之目的。经过

---

① 数据来自《中国统计年鉴》(2016)。

将近 20 年的发展实践,这些静脉产业政策在贯彻"资源节约、环境友好"两型社会建设目标进程中取得了一定成效。尽管如此,"节约资源、保护环境"具有公益性和外部性特征,企业和公民仍然缺乏自主性和动力,中国面临的资源、环境形势依然严峻,中国静脉产业政策在实施中存在不协同现象,两型社会建设目标的实现仍然面临很大挑战。分析政策措施的协同性,找到政策措施的不协同因素,对继续完善和制定切实有效的静脉产业政策、促进政策措施协同、推动静脉产业健康发展具有重要意义。

学术界针对静脉产业政策的研究主要从政策体系现状(Kahhat et al.,2008)、政策实施效果评价(陈建国和原沈超,2017)、政策顶层设计(叶岚和陈奇星,2017)、政策演进(王昶等,2017;姚海琳和张翠虹,2018)等方面展开讨论并提出建议。陈建国和原沈超(2017)对不同补贴金额下建筑废弃物分拣回收政策效应进行评估,研究认为提高补贴金额能够提高承包商分拣回收行为,降低填埋处置比例;同时,适当的填埋收费政策,能够正向调节补贴政策对降低填埋处理的实施效果。

近年来,政策协同研究引起学者们的广泛关注。Mulford 和 Rogers(1982)认为,政策协同是同一组织围绕同一任务制定规则一致的不同政策,或两个以上组织制定新规则或利用现行规则应对相似任务的一个过程。Hoel(1997)认为,政策协同能够提高政策实施效率,并有助于实现帕累托最优。政策协同形式多样,包括政策主体协同、政策过程协同、政策内容协同等。在政策主体协同研究方面,Vakili(2012)认为,政府内部不同部门之间、政府与非政府组织之间联合制定某项政策属于政策主体协同。Greerand Lillvis(2014)研究发现,政策主体之间缺乏全方位和持久性协同时,政策有效性会受到影响。在政策过程协同研究方面,Hughes(2006)认为,政策制定、执行与政策评估三个环节应当协同。Maier(2014)将政策主体协同和政策过程协同理念用于分析美国海洋政策和欧盟海洋战略框架政策的制定程序和实施效果评价,认为两国政府对应部门的积极协同对这两种政策有效实施有决定性影响。政策内容协同是政策协同研究的重点,具体涉及政策目标协同、政策措施协同及目标与措施协同等方面。Ghisellini 等(2016)研究表明国际上多数国家静脉产业政策内容协同性逐渐增强,对提升废弃物利用率发挥了巨大推动作用。彭纪生等(2008)研究了中国技术创新政策目标协同和政策措施协同对经济绩效的影响,张国兴等(2017)研究了中国节能减排政策措施与目标协同对节能减排效果的影响。郭本海等(2018)研究认为我国光伏产业政策措施协同对产业绩效影响具有方向性差异。

在政策内容协同研究方法上,现有研究多是构建政策目标和(或)政策措施协同评价体系,设计政策力度、政策目标和(或)措施量化标准及政策协同变量,构建政策协同变量与产业绩效变量关系模型,通过实证研究政策协同对绩效的影响。彭纪生等(2008)和张国兴等(2017)将政策力度、政策措施和政策目标三个要素作为政策协同变量,用这三个要素的评价值相乘得到政策协同变量的协同度值。郭本海等(2018)在研究政策措施协同度时也采用了类似的方法。他们的研究为静脉产业政策评价提供理论、经验和方法借鉴。

但是已有研究存在两方面的不足:一是对政策措施的量化方法多采用零基评价方法[①],但政策措施具有补缺和优化等连续性和递进性特点,采用增量评价方法更合理。二是很少关注我国静脉产业政策中不同措施协同对提高废弃资源综合利用和降低废物产生量的影响。因此,设计静脉产业政策措施增量评价标准,深入分析不同静脉产业政策措施协同情况及其对静脉产业园绩效的影响,对进一步探索静脉产业政策制定原理,为政府制定和完善静脉产业政策提供建议,对推动资源循环利用,产业又好又快发展具有重要意义。鉴于此,本书对我国2005—2016年有关固体废物利用方面的静脉产业政策措施进行梳理,采用增量评价方法,在对政策措施量化评价基础上,讨论政策措施协同对静脉产业园绩效的影响,为政府进一步完善静脉产业政策提供一些建议。

---

① 零基评价方法是笔者借鉴零基预算和增量预算思想而命名的。

第二节 数据来源与研究方法

一、数据来源

本章选取 2005—2016 年全国人大、国务院及各部委颁布的静脉产业政策文本进行研究,包括对工业固体废物和生活垃圾中的固体废物、废旧轮胎、废旧汽车、废弃电子产品等废物利用有关的政策文本,不包括废水和废气利用政策。这些政策来源于北大法宝数据库,为保证政策数据完整,又通过中国人大网、国务院及各部委网站上对上述固废资源利用政策进行第二轮筛选与核对,在精读各项政策基础上从政策实施时间、政策类型、发布机构、政策措施等不同方面对固废资源利用政策进行记录和分类筛选,最终形成了包含全国人大、国务院、发改委、生态环境部、工信部、财政部、国家税务总局等 16 个部门独立或联合颁布的 171 项废物利用政策数据库。

本章的静脉产业绩效数据来自全国 48 个静脉产业园区一年一度环境报告书、生态工业园区信息平台、政府关于园区的建设批文及验收报告等,在对相关数据进行佐证基础上,剔除了数据不完整、不一致的园区数据,最终确定了数据比较充分的 31 家静脉产业园区绩效数据作为样本数据,以此代表我国静脉产业园绩效数据。

我国曾经在 2006 年发布过《综合类生态工业园区标准》《行业类生态工业园区标准》和《静脉产业类生态工业园区标准》,2016 年将这三类生态工业园区标准合并为《国家生态工业示范园区标准》,这意味着,综合类、行业类和静脉产业类生态工业园区都按相同的标准建设、运行和评价,他们在工业固体废物综合利用率、单位工业增加值固体废物产生量、公众对环境满意度等 32 个指标上标准是一致的,表达了国家贯彻《中华人民共和国环境保护法》《清洁生产促进法》和《循环经济促进法》的决心。它们的差别仅仅体现在入园企业所属行业种类和行业侧重点上,综合类生态工业园区由不同工业行业企业组成,行业类生态工业园区以某一类工业行业的一个或几个核心企业组成,静脉产业类生态工业园区是以从事静脉产业生产的企业为主体建设的生态工业园区。各类园区的建设标准在资源再生利用和废物无害化处理方面的要求是一致的。鉴于此,本书选择的31个样本中,不仅有静脉产业类生态工业园区,还有综合类和行业类生态工业园区。在表述"资源再生利用产业"时采用"静脉产业"一词,在表述静脉产业类生态工业园区时,采用"静脉产业园"一词。

二、研究方法

本书采用内容分析与统计分析相结合的方法,对所筛选静脉产业政策按实施时间排序,逐个详细阅读每项政策的内容,寻找并记录与政策措施相关的语句及措辞,将它们按照规则列成表格,运用统计方法分析其共性特征和差异部分的变化特征,针对政策措施变化程度设定量化评价标准,以此标准对政策进行增量评价,在此基础上构建政策措施协同计算模型和政策措施协同与产业绩效关系模型,评价政策措施协同效果。静脉产业政策内容涉及面广,具有非标准化特征,运用内容分析与统计分析相结合的方法进行量化分析能够克服定性分析的主观性和不一致性缺点,有助于揭示政策措施变化的特征。

第三节 静脉产业政策措施协同评价体系构建

一、政策措施选择及其量化标准设计

(一)政策措施选择

我们通过对静脉产业政策措施的逐项抽取和内容分析,发现政策措施分布及其变化有三个重要特点:①优化产业链、创新引领、服务促进和财税金融支持方面的措施表述频次最高,均超过140次,内容变化最大。②行政规范、宣传引导方面的措施表述频次稍少一些,但是也都超过 25 次,内容有所变化,但没有前一类措施表述变化大。③试点建设、人事和其他措施表述频次最低,均低于 25 次。见图 4-1。基于这三点认识,我们将表述频次超过 140 次的第一类措施视为主要政策措施,将表述频次低于 100 次但高于 25 次的第二类措施视为辅助政策措施,忽略表述频次低于 25 次的第三类措施,共有 6 项政策措施值得我们关注。

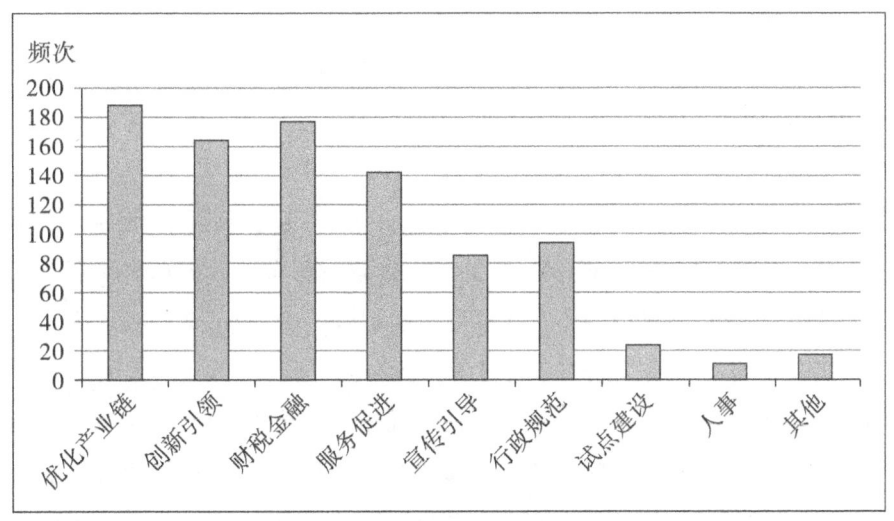

图 4-1　不同政策措施表述频次比较

在这 6 项政策措施中,优化产业链措施体现了政府通过补链、调链等方式完善和优化静脉产业园的生态工业链条,促进静脉产业园健康有序发展。创新引领措施体现了政府通过技术创新和管理创新等措施提升固废利用和无害化处理水平。财税金融措施体现了政府在静脉产业资金支持方面的要求与措施。其中税收优惠措施虽然不是直接的资金支持措施,但是对静脉产业企业最大幅度的税收优惠和减免能够引导社会资本参与到静脉产业事业中来,能够间接地对静脉产业园发展起到资金支持作用,具有指挥棒作用。服务促进措施通过完善基础设施、设立园区公共服务中心(包括静脉产业园管理宣教中心、静脉企业服务促进中心、环境管理中心、科技创新孵化中心等),促进静脉产业园发展。宣传引导措施和行政规范措施在优化产业链、促进创新、树理念强意识方面具有很好的强化作用,能够引导公民和企业树立资源节约集约利用、循环利用理念,强化环境保护的意识。

(二)政策措施量化方法设计

彭纪生等(2008)、张国兴等(2017)、郭本海等(2018)对政策措施量化时,均采用了零基评价方法,即事先设定无比较级但有量化刻度的评价标准,然后将每项政策中量化对象的内容与量化标准对照,符合哪项标准,就给予对应的评价值。但是,我们对静脉产业政策内容逐项分析发现:①政策具有连续性和递进性,无论是出台新政策还是调整已有政策,政策制定者的出发点都是优化政策措施、促进废物利用和保护环境,各种政策措施是在不断优化基础上的逐步叠加。②政策颁布部门级别对政策措施协同效果影响较大,政策颁布部门级别高低体现了政策效力大小,颁布部门级别越高,政策效力就越大。基于上述两点认识,笔者认为,对某项政策措施的量化评价,应该在比较前一项政策基础上,同时考虑政策颁布部门级别对政策措施力度变化的影响,对政策措施变化程度做出增量评价,而不是零基评价。具体方法过程如下:①依据静脉产业政策实施时间对政策正排序;②假设第 $i-1$ 项政策为第 i 项政策的前一项政策,要评价的政策措施为 k,对第 i 项政策中的措施 k 与第 $i-1$ 项政策中的措施 k 在内容上作比较,从内容变化判断政策措施力度变化,给出政策措施力度增量评价值 ΔM_i^k。③考虑第 i 项政策与第 $i-1$ 项政策的政策效力差 $|\Delta E_i|$ 对政策措施力度变化的影响,给出政策效力差评价值 $|\Delta E_i|$,将其作为政策措施力度调节因子的一部分。④在第 $i-1$ 项政策的措施 k 得分 M_{i-1}^k 基础上,加上 ΔM_i^k 与 $(|\Delta E_i|+1)$ 的乘积,得到截至第 i 项政策时措施 k 的评价值 M_i^k,见式(4-1)。表4-1给出了政策措施变化评价概要,其中包括政策效力变化和政策措施变化评价的取值方向和范围。

第 i 项政策的措施 k 的评价值 M_i^k 可以用式(4-1)表示。

$$M_i^k = M_{i-1}^k + (|\Delta E_i| + 1)\Delta M_i^k \tag{4-1}$$

式中:

M_i^k——第 i 项政策的第 k 项措施评价值;

M_{i-1}^k——第 $i-1$ 项政策的第 k 项措施评价值;

$|\Delta E_i|$——第 i 项政策的政策效力与第 $i-1$ 项政策的政策效力差的绝

对值,量化标准见表4-2;

1——政策效力调节因子的基数;

ΔM_i^k——第 i 项政策的措施 k 与第 $i-1$ 项政策的措施 k 相比的调整值,量化标准见表4-3。

当第 i 项政策为第 t 年内最后一项政策,其评价值 M_i^k 即为该年度政策措施 k 的评价值 M_t^k,即式(4-2)表示第 t 年政策措施 k 的评价值 M_t^k

$$M_t^k = M_i^k (i \text{ 为第 } t \text{ 年最后一项政策的序号}) \quad (4-2)$$

表4-1 政策措施变化量化评价方法概要

政策措施		第 i 项政策的颁布部门级别	
		高于第 $i-1$ 项政策的部门级别	等于或低于第 $i-1$ 项政策的部门级别
政策措施内容	有变化	$\|\Delta E_i\| \geq 1$,$\Delta M_i^k > 1$	$\|\Delta E_i\| = 0$,$\Delta M_i^k > 1$
	无变化	$\|\Delta E_i\| \geq 1$,$\Delta M_i^k = 1$	$\|\Delta E_i\| = 0$,$\Delta M_i^k = 0$

表4-1中,当第 i 项政策颁布部门级别高于第 $i-1$ 项政策的颁布部门级别并且政策措施内容有变化时,表明第 i 项政策比第 $i-1$ 项政策更优化,而且政策效力更高,需要对第 i 项政策的政策效力变动和政策措施内容变动均做出评价,此时 $\|\Delta E_i\| \geq 1$,$\Delta M_i^k > 1$,$\|\Delta E_i\|$ 和 ΔM_i^k 的具体评价值依据表4-2至表4-8的量化标准确定。当第 i 项政策颁布部门级别高于第 $i-1$ 项政策的颁布部门级别但是政策措施内容无变化时,表明第 $i-1$ 项政策措施得到更高级别部门的认可,以更高级别部门的名义推行这项政策,这时主要从政策部门级别变动表达的政策效力对第 i 项政策做出评价,因此 $\|\Delta E_i\| \geq 1$,$\Delta M_i^k = 1$,$\|\Delta E_i\|$ 的具体评价值依据表4-2的量化标准确定。当第 i 项政策颁布部门级别等于或低于第 $i-1$ 项政策的颁布部门级别并且政策措施内容有变化时,表明更低一级的部门对第 $i-1$ 项政策进行了补充或加强,需要对第 i 项政策措施内容变动做出评价,因此 $\|\Delta E_i\| = 0$,$\Delta M_i^k > 1$,ΔM_i^k 的具体评价值依据表4-3至表4-8的量化标准确定。当第 i 项政策颁布部门级别等于或低于第 $i-1$ 项政策的颁布部门级别并且政策措施内容没有变化

时,表明第 $i-1$ 项政策措施内容没有变动,因此 $|\Delta E_i|=0$, $\Delta M_i^k=0$。

表4-2 政策效力量化评价标准

政策效力(E)	量化标准
6	全国人大及其常务委员会颁布的法律
5	全国人大及其常务委员会颁布的规划、计划、决议
4	国务院颁布的行政法规,包括条例、办法、实施细则
3	国务院颁布的规范性文件,包括意见、通知、报告、批复
2	各个部委颁布的规章,包括办法、意见、方案、规划、指南、目录、标准
1	各个部委下达的通知、公告、批复、函、复函

(三)政策措施变化量化评价标准设计

在政策措施变化量化评价标准设计上,我们先由3位研究生通过文本分析方法分析废弃资源利用政策文本中涉及政策措施的条目,完成初步的政策措施定义和编码。然后请另外3位研究生对已形成的定义和编码与政策条目核对,对存在差异的定义和编码与前3位研究生进行讨论和修正,形成初步的政策措施变化评价标准。为了确保政策量化标准的信度和效度,我们又请3名循环经济领域的专家,2名长期从事政策研究的大学教师,和2名课题组成员组成政策量化评价小组,召集小组会议,针对每一个量化评价标准进行讨论,经过两轮讨论,确保小组每位成员对每个量化标准充分理解并达成一致意见,形成了量化标准修正稿。然后,我们从171项资源循环利用政策中随机抽取10项,由每位成员独立地依据量化标准修正稿对这10项政策进行量化评价测试。7名小组成员初步测试结果存在较大分歧,评价值完全一致率仅为14.7%,方向一致率为59.4%,方向冲突率为37.1%。初步的测试结果不能令人满意,我们再次召开小组会议,就分歧原因展开深入讨论,优化评价标准,再进行第二轮评价测试。再次评价的分值完全一致率上升到19.1%,方向一致率为77.3%,在方向一致情况下分值平均误差为0.583分,这说明对于同一条政策,评估小组虽然在评分上有不同意见但在方向上已经达到96.4%的一致性,方向冲突率仅有3.6%。我们针对有方向冲突的政策进一步讨论,修正量化评价标准的措辞,避免歧义与含糊。经过多轮讨论,最终确定了资源循环利用政策量化评价标准。各政策措施变化量化评价标准如下。

1. 优化产业链措施

指为了实现物质消耗减量化、固体废物资源化、环境危害减量化甚至无害化政策目标,通过增链、补链、调链等方式完善和优化静脉产业园的生态工业链条,促进静脉产业园健康有序发展。优化产业链措施变动量化标准见表4-3。

表4-3 优化产业链措施变动量化标准

分值	判断依据
5	与已有措施比,给出非常具体的补充或优化生态工业链措施,操作性非常强
4	与已有措施比,给出比较具体的补充或优化生态工业链措施,具有较强的操作性
3	与已有措施比,给出一般具体的补充或优化生态工业链措施,有一定的可操作性
2	与已有措施比,给出较不具体的补充或优化生态工业链措施,不具有可操作性
1	与已有措施比,没有关于补充或优化生态工业链措施的描述

2. 创新引领措施

指为了实现物质消耗减量化、环境危害减量化甚至无害化、固体废物资源化政策目标所采用的创新措施,包括管理创新和技术创新措施,比如科技发展规划,建设重点实验室,实施循环经济高技术产业重大专项,推行资源再生利用重大示范工程,征集再生资源综合利用先进适用技术等措施。创新引领措施变动量化标准见表4-4。

表 4-4 创新引领措施变动量化标准

分值	判断依据
5	与已有措施比,给出非常具体的创新引领措施,操作性非常强
4	与已有措施比,给出比较具体的创新引领措施,具有较强的操作性
3	与已有措施比,给出一般具体的创新引领措施,有一定的可操作性
2	与已有措施比,给出较不具体的创新引领措施,不具有可操作性
1	与已有措施比,没有关于创新引领措施的描述

3. 财税金融措施

指为了实现物质消耗减量化、环境危害减量化甚至无害化、固体废物资源化政策目标所采用的财税金融措施。包括财政补贴、设立财政专项资金、税收优惠或减免、银行贷款优先办理、贷款利息优惠等,如申报再生资源回收体系建设项目资金,设立循环经济发展专项资金,设立餐厨废弃物资源化利用和无害化处理试点城市建设资金,申报资源节约循环利用重点工程资金,减征营业税,退回增值税,免征消费税,管理费税前扣除,债券发行、PPP 项目、BOT 项目等措施。财税金融措施变动量化标准见表 4-5。

表 4-5 财税金融措施变动量化标准

分值	判断依据
5	与已有措施比,给出非常具体的财税金融措施,操作性非常强
4	与已有措施比,给出比较具体的财税金融措施,具有较强的操作性
3	与已有措施比,给出一般具体的财税金融措施,有一定的可操作性
2	与已有措施比,给出较不具体的财税金融措施,不具有可操作性
1	与已有措施比,没有关于财税金融措施的描述

4. 服务促进措施

指为了实现固体废物资源化政策目标所采用的服务促进措施。包括在国家层面制定标准(规范)、举办回收利用网络模式选择与操作办法研讨班、高技术设备培训班、改善政府公共服务等,还包括在园区内设立固体废物管理中心、公共服务中心、静脉产业园管理宣教中心、静脉服务促进中心、环境管理中心、科技创新孵化中心等。服务促进措施变动量化标准见表4-6。

表4-6 服务促进措施变动量化标准

分值	判断依据
5	与已有措施比,给出非常具体的服务促进措施,操作性非常强
4	与已有措施比,给出比较具体的服务促进措施,具有较强的操作性
3	与已有措施比,给出一般具体的服务促进措施,有一定的可操作性
2	与已有措施比,给出较不具体的服务促进措施,不具有可操作性
1	与已有措施比,没有关于服务促进措施的描述

5. 宣传引导措施

指为了实现物质消耗减量化、环境危害减量化甚至无害化、固体废物资源化,引导公民和企业树立节约集约、循环利用理念,强化减少浪费、保护环境等政策目标所采用的宣传引导措施,如城市固体废物环境污染防治信息发布导则、举办循环经济专家行活动、再生资源回收利用网络模式选择与操作研讨班、举办循环经济成果交易博览会、表彰全国循环经济工作先进单位、公布餐厨废物资源化利用和无害化处理试点城市、开展循环经济示范城市建设、发布循环经济试点示范最佳实践、推进农业废弃物资源化利用试点等。宣传引导措施变动量化标准见表4-7。

表4-7 宣传引导措施变动量化标准

分值	判断依据
5	与已有措施比,给出非常具体的宣传引导措施,操作性非常强
4	与已有措施比,给出比较具体的宣传引导措施,具有较强的操作性
3	与已有措施比,给出一般具体的宣传引导措施,有一定的可操作性
2	与已有措施比,给出较不具体的宣传引导措施,不具有可操作性
1	与已有措施比,没有关于宣传引导措施的描述

6. 行政规范措施

指为了实现物质消耗减量化、环境危害减量化甚至无害化、固体废物资源化,引导公民和企业树立节约集约、循环利用理念,强化减少浪费、保护环境等政策目标所采用的行政规范措施。行政措施包括嘉奖、批评处罚、撤销资质、简化行政审批程序、缩短行政审批周期等。规范措施包括循环经济示范区申报命名和管理规定、循环经济试点实施方案编制要求、国家生态工业示范园区标准、固体废物属性鉴别机构名单及鉴别程序、废弃电子产品处理企业资格审查和许可指南、循环经济发展规划编制指南、废弃电子产品处理目录、再生资源综合利用先进适用技术目录、工程施工废弃物再生利用技术规范、工业固体废物综合利用先进适用技术目录。行政规范措施变动量化标准见表4-8。

表4-8 行政规范措施变动量化标准

分值	判断依据
5	与已有措施比,给出非常具体的行政规范措施,操作性非常强
4	与已有措施比,给出比较具体的行政规范措施,具有较强的操作性
3	与已有措施比,给出一般具体的行政规范措施,有一定的可操作性
2	与已有措施比,给出较不具体的行政规范措施,不具有可操作性
1	与已有措施比,没有关于行政规范措施的描述

二、变量设计与评价模型构建

(一)政策措施协同变量设计

限于篇幅,本书只考虑四项主要政策措施两两协同使用、四项主要政策措施中的两项与宣传引导措施协同使用、四项主要政策措施中的两项与行政规范措施协同使用这三种组合情况,共得到18个政策措施协同变量,见表4-9。

表 4-9 政策措施协同变量

变量	含义	变量	含义
OI	优化产业链措施与创新引领措施协同	IFG	创新引领措施、财税金融措施与宣传引导措施协同
OF	优化产业链措施与财税金融措施协同	ISG	创新引领措施、服务促进措施与宣传引导措施协同
OS	优化产业链措施与服务促进措施协同	FSG	财税金融措施、服务促进措施与宣传引导措施协同
IF	创新引领措施与财税金融措施协同	OIA	优化产业链措施、创新引领措施与行政规范措施协同
IS	创新引领措施与服务促进措施协同	OFA	优化产业链措施、财税金融措施与行政规范措施协同
FS	财税金融措施与服务促进措施协同	OSA	优化产业链措施、服务促进措施与行政规范措施协同
OIG	优化产业链措施、创新引领措施与宣传引导措施协同	IFA	创新引领措施、财税金融措施与行政规范措施协同
OFG	优化产业链措施、财税金融措施与宣传引导措施协同	ISA	创新引领措施、服务促进措施与行政规范措施协同
OSG	优化产业链措施、服务促进措施与宣传引导措施协同	FSA	财税金融措施、服务促进措施与行政规范措施协同

彭纪生等(2008),张国兴等(2017)在研究政策措施与目标协同时,用政策力度、政策措施和政策目标三项的乘积表示政策协同变量的值(即协同度),郭本海等(2018)研究政策措施协同时,用政策力度和两个以上政策措施的乘积表示协同度,其中的政策力度体现的是政策颁布部门级别,即政策效力。本书认为,政策措施协同不仅体现在同一项政策内部不同措施表述的一致程度和该项政策效力高低程度上,而且体现在先后两项政策相比,后一项政策的措施是否比前一项政策的措施更优,政策效力是否更高。本文研究发现,前后两项政策的措施往往有三种变化:①后一项政策颁布部门级别高于前一项政策并且政策措施内容有变化。表明后一项政策对前一项政

策做了优化,而且政策效力更高。②后一项政策颁布部门级别高于前一项政策但是政策措施内容无变化,表明前一项政策措施得到更高级别部门的认可,以更高部门的名义推行这项政策。③后一项政策颁布部门级别等于或低于前一项政策并且政策措施内容有变化。表明低一级部门对前一项高一级部门颁布的政策措施做了补充或加强。在这三种情况下,对后一项政策措施内容变化进行量化评价时,往往会同时考虑政策效力变化的成分。基于这一认识,本书在吸收彭纪生等(2008),张国兴等(2017)政策协同计算方法精髓的基础上,对政策协同变量值的计算方法做出改进,即在计算政策措施协同度时,不考虑政策效力对政策措施协同的影响,采用公式(4-3)将政策措施协同变量中各种政策措施评价值相乘,得到政策措施协同变量的值。政策效力的影响在政策措施量化时已经考虑进去,见式(4-1)。

$$PC_{var}^t = \prod_{k=1}^n M_t^k \tag{4-3}$$

式中:

PC_{var}^t——第 t 年静脉产业政策措施协同变量 var 的协同度,协同变量 var 以具体的政策措施代码表示(见表4-9);

M_t^k——第 t 年最后一项政策的第 $k(k=1,2,\cdots,n)$ 项措施评价值,根据式(4-1)计算得到;

n——参与组合的政策措施项数,$2 \leq n \leq 6$。

(二)产业绩效变量设计

产业绩效即静脉产业政策措施的执行效果,反映了政策目标的达成程度。从2006年开始,我国静脉产业朝着"园区化"模式发展,全国批准设立了很多个静脉产业类生态工业园区(简称"生态工业园区"),生态工业园区的绩效在某种程度上反映了我国静脉产业的发展绩效,本书以我国31个生态工业园区绩效数据为研究样本。依据我国现行的《国家生态工业示范园区标准》(HJ 274-2015),产业绩效体现在经济发展、产业共生、资源节约、环境保护和信息公开5个方面32个指标上,由于指标较多,本书选择人均工业增加值、单位工业增加值固废产生量2个绩效指标进行考查,以此反映我国静脉产业园在经济发展和环境保护两个方面的成效。

人均工业增加值指园区内工业企业从业人员人均创造的工业增加

值,反映了产业园的经济效益,为正向指标。单位工业增加值固废产生量,指园区内工业企业创造每一个单位工业增加值所产生的工业固体废物量(不包括园区外运送至园区内的工业固体废物量),该指标反映减量化成果,为负向指标,即该指标数值越小说明减量化成效越显著,反映了产业园的环保绩效。产业绩效变量见表4-10。

表4-10 产业绩效变量

变量	含义	指标功能	指标性质
$PCIAV$	人均工业增加值	反应经济效益	正向指标
$SWIAV$	单位工业增加值固废产生量	反应环保效益	负向指标

为避免受个别园区指标数据波动过大的影响,选取31个样本园区2005—2016年指标值的中位数代表静脉产业园的绩效数据,见表4-11。

表4-11 2005—2016年我国静脉产业园绩效指标数值

年份	$PCIAV$(万元/人)	$SWIAV$(吨/万元)	年份	$PCIAV$(万元/人)	$SWIAV$(吨/万元)
2005	6.73	0.068	2011	15.14	0.042
2006	9.60	0.071	2012	17.02	0.038
2007	11.45	0.062	2013	20.64	0.032
2008	11.30	0.049	2014	24.44	0.021
2009	12.10	0.051	2015	24.85	0.018
2010	15.99	0.036	2016	30.30	0.014

(三)假设提出及政策协同效果评价模型构建

1. 假设提出

Hoel(1997)认为,政策协同度高,政策实施效率就好,有助于实现帕累托最优状态。Kim(2011)认为,产业政策协同对产业绩效有提升作用。Lee等(2011)发现多种宏观政策的协同组合在实现既定目标方面优于单一政策。Ghisellini等(2016)研究表明国际上多数国家静脉产业政策内容协同性逐渐增强，对提升废弃物利用率发挥了巨大推动作用。基于此，本书认为，静脉产业政策中优化产业链、创新引领、财税金融支持、服务促进、宣传引导和行政规范等措施的协同，对产业绩效具有显著的正向影响。于是提出以下假设：

H1：四项主要政策措施两两协同使用对产业绩效具有显著正向影响。

H2：四项主要政策措施中的两项与宣传引导措施协同使用对产业绩效具有显著正向影响。

H3：四项主要政策措施中的两项与行政规范措施协同使用对产业绩效具有显著正向影响。

2. 模型构建

借鉴 Sun 和 Van(2007)，彭纪生等(2008)，张国兴等(2017)和郭本海等(2018)在政策协同对产业绩效影响方面的建模思路，把政策协同度视为投入要素，作为自变量，引入柯布-道格拉斯生产函数构建计量模型，见式(4-4)。在模型的解释变量中，资本投入和劳动投入也是不可忽视的变量，但本书主要考查政策协同对产业绩效的影响，为此，将资本投入和劳动投入作为模型的控制变量。在本书中，资本投入采用静脉产业园资产净值，取当年价。劳动投入采用静脉产业园从业人员数。

$$Y = A K^{\beta_1} L^{\beta_2} PC^{\beta_m} \tau \qquad (4\text{-}4)$$

式中：

Y——当年人均工业增加值($PCIAV$)或单位工业增加值固废排放量($SWIAV$)；

K——静脉产业园资产净值；

L——静脉产业园从业人数；

PC——政策措施协同度，由不同的政策措施组合协同变量表示，见表4-9；

β_1——资本对产业绩效的贡献度；

β_2——从业人数对产业绩效的贡献度；

β_m——政策措施协同度对产业绩效的贡献度，$m \geq 3$；

τ——扰动项。

式(4-4)两边取对数,得到

$$lnY = lnA + \beta_1 lnK + \beta_2 lnL + \beta_m PC + ln\tau \quad (4-5)$$

简化起见,模型常数项 lnA 用 α 表示,模型扰动项 $ln\tau$ 用 ε 表示。政策措施对绩效具有时滞性,模型中的政策措施协同变量 PC 应该考虑滞后期,用 PC_{t-i} 表示,i 为滞后期,其值选择依据赤池信息量准则,视回归结果而定。

依据研究设计,对假设 H1~H3 构建计量模型如下,见式(4-6)至(4-8)。

(1)四项主要政策措施两两协同使用对产业绩效影响的计量模型

$$ln Y_t = \alpha_1 + \beta_{11} ln K_t + \beta_{12} ln L_t + \beta_{13} ln OI_{t-i} + \beta_{14} ln OF_{t-i} + \beta_{15} ln OS_{t-i} + \beta_{16} ln IF_{t-i} + \beta_{17} ln IS_{t-i} \beta_{18} ln FS_{t-i} + \varepsilon_t \quad (4-6)$$

(2)四项主要政策措施中的两项与宣传引导措施协同使用对产业绩效影响的计量模型

$$ln Y_t = \alpha_2 + \beta_{21} ln K_t + \beta_{22} ln L_t + \beta_{23} ln OIG_{t-i} + \beta_{24} ln OFG_{t-i} + \beta_{25} ln OSG_{t-i} + \beta_{26} ln IFG_{t-i} + \beta_{27} ln ISG_{t-i} \beta_{28} ln FSG_{t-i} + \varepsilon_t \quad (4-7)$$

(3)四项主要政策措施中的两项与行政规范措施协同使用对产业绩效影响的计量模型

$$ln Y_t = \alpha_3 + \beta_{31} ln K_t + \beta_{32} ln L_t + \beta_{33} ln OIA_{t-i} + \beta_{34} ln OFA_{t-i} + \beta_{35} ln OSA_{t-i} + \beta_{36} ln IFA_{t-i} + \beta_{37} ln ISA_{t-i} \beta_{38} ln FSA_{t-i} + \varepsilon_t \quad (4-8)$$

式(4-6)至式(4-8)中:

$ln Y_t$ ——当年人均工业增加值($PCIAV$)的对数或单位工业增加值固废排放量($SWIAV$)的对数,即 $ln PCIAV_t$ 或 $ln SWIAV_t$;

$lnOI$ 等——政策措施协同变量的对数值;

i——滞后期;

β_{jm}——产业绩效对各解释变量的弹性。

其他同上。

第四节　中国静脉产业园四链政策协同效果评价

一、政策样本描述

(一) 政策样本概述

本书将171项政策按颁布部门级别和政策类型划分,得到表4-12所示的分布情况。全国人民代表大会是最高国家权力机关,国务院是最高国家行政机关,它们在国家权力结构中的地位决定了其颁布政策的独立性,因此这两个部门颁布的政策全部是单部门政策。从政策数量上看,全国人大及其常务委员会颁布的法律性政策数量为8项,约占政策数量的5%,说明中国最高权利机构对废弃资源利用重视程度很高。国务院颁布的政策项数为8项,约占总数的5%,其中以条例、通知和意见为主。各部委颁布的部门规章约占总政策的90%。从内容上看,全国人大及其常委颁布的政策以法律、五年规划为主,国务院颁布的政策以条例、意见和通知为主,部门规章以政策落实措施为主。

表4-12　政策发布部门和政策类型分布情况

全国人大及其常委		国务院政策		部门政策	
法律	规划/决议	条例	意见/通知	办法/意见/方案/规划/指南/目录/标准	通知/公告/函/复函/批复
8	3	1	7	27	125

国务院各组成机构在执行国务院政策过程中,会单独或联合其他部门制定更加具体的实施政策,我们将其称为部门政策。部门政策中由单个部门独立颁布的政策称为单部门政策,由两个以上部门联合颁布的政策称为多部门政策。单部门政策和多部门政策数量分布如表4-13所示。在152

项部门政策中,有 80 项单部门政策,占部门政策数量的 52.6%,多部门政策 72 项,占部门政策数量的 47.4%,这说明我国资源循环利用部门政策表现出很高的部门协同性。多部门政策主要涉及国家发改委、生态环境部、科学技术部、工信部、农业部、商务部、财政部和国家税务总局八个部门。资源循环利用与国民经济、环境和社会发展紧密相关,只有这些部门协同起来,才能更好地落实资源循环利用政策,推进全社会资源节约和综合利用、节能减排、可持续发展战略协调实施。

表 4-13 部门政策涉及到的部门数及多部门政策比例

	单部门	两部门	三部门	四部门	五部门	六部门	七部门
政策数	80	24	22	15	5	4	2
比例	52.6%	15.8%	14.5%	9.9%	3.3%	2.6%	1.3%

从表 4-13 可以看出,多部门政策以两部门、三部门和四部门联合颁布为主,这些部门主要是国家发改委、环境保护部、工信部、商务部、财政部等。

依据表 4-3 至表 4-8 政策措施量化标准和式(4-1)政策措施评分方法,得到各年度政策措施量化结果,见表 4-14。

表 4-14 各年度政策措施量化值

年度	优化产业链 (O)	创新引领 (I)	财税金融 (F)	服务促进 (S)	宣传引导 (G)	行政规范 (A)
2005	17	7	15	11	26	22
2006	19	17	18	12	29	27
2007	25	21	21	12	33	31
2008	27	21	22	12	36	34
2009	29	22	22	14	38	38
2010	32	25	26	14	38	40
2011	34	25	29	16	41	45
2012	40	29	33	16	44	50

续表 4-14

年度	优化产业链 (O)	创新引领 (I)	财税金融 (F)	服务促进 (S)	宣传引导 (G)	行政规范 (A)
2013	43	29	36	16	46	55
2014	47	32	37	17	48	58
2015	53	34	39	17	50	63
2016	59	36	42	17	54	68

(二)各变量统计性描述

表 4-15 是因变量 $lnPCIAV$、$lnSWIAV$,控制变量 lnK、lnL,和废弃资源利用政策措施协同变量的描述性统计结果。从表 4-15 可以看出,$lnPCIAV$、$lnSWIAV$ 的标准偏差都比较小,这说明在 2005—2016 年,我国各年静脉产业园人均工业增加值和单位工业增加值固废产生量均较为平稳。四项主要政策措施两两协同使用的协同变量中,最大平均值为 6.795($lnOF$),最小平均值为 5.789($lnIS$),最大偏差值为 0.805($lnOI$),最小偏差值为 0.472($lnFS$),最大中位数为 6.809($lnOF$),最小中位数为 5.925($lnIS$);四项主要政策措施中的两项与宣传引导措施协同使用的协同变量中,最大平均值为 10.468($lnOFG$),最小平均值为 9.463($lnISG$),最大偏差值为 1.023($lnOIG$),最小偏差值为 0.691($lnFSG$),最大中位数为 10.484($lnOFG$),最小中位数为 9.600($lnISG$);四项主要政策措施中的两项与行政规范措施协同使用的协同变量中,最大平均值为 10.530($lnOFA$),最小平均值为 9.525($lnISA$),最大偏差值为 1.512($lnOIA$),最小偏差值为 0.823($lnFSA$),最大中位数为 10.557($lnOFA$),最小中位数为 9.672($lnISA$)。

表 4-15 各变量的描述性统计结果

变量	平均值	标准差	最小值	最大值	中位数
$lnPCIAV$	2.737	0.418	2.054	3.411	2.745
$lnSWIAV$	-3.266	0.558	-4.269	-2.513	-3.220
$lnOI$	6.642	0.805	4.779	7.661	6.715

续表 4-15

变量	平均值	标准差	最小值	最大值	中位数
$lnOF$	6.795	0.721	5.541	7.815	6.809
$lnOS$	6.147	0.527	5.231	6.850	6.202
$lnIF$	6.437	0.750	4.654	7.321	6.532
$lnIS$	5.789	0.566	4.344	6.356	5.925
$lnFS$	5.942	0.472	5.106	6.510	6.019
$lnOIG$	10.316	1.023	8.037	11.650	10.391
$lnOFG$	10.468	0.941	8.799	11.804	10.484
$lnOSG$	9.820	0.748	8.489	10.839	9.877
$lnIFG$	10.111	0.967	7.912	11.310	10.207
$lnISG$	9.463	0.779	7.602	10.345	9.600
$lnFSG$	9.616	0.691	8.364	10.499	9.694
$lnOIA$	10.377	1.152	7.870	11.881	10.463
$lnOFA$	10.530	1.073	8.632	12.035	10.557
$lnOSA$	9.882	0.879	8.322	11.070	9.950
$lnIFA$	10.173	1.096	7.745	11.541	10.279
$lnISA$	9.525	0.907	7.435	10.576	9.672
$lnFSA$	9.678	0.823	8.197	10.730	9.766
lnK	13.403	1.332	10.859	14.567	13.911
lnL	9.177	1.020	7.073	9.815	9.609

二、静脉产业园四链政策协同对产业园绩效的影响分析

本书中,人均工业增加值的对数($lnPCIAV$)为正向指标,政策协同变量的系数为正,表示政策措施协同对该指标产生正向作用,有利于提高人均工业增加值;系数为负,表示政策措施协同对该指标产生负向作用,不利于提高人均工业增加值。单位工业增加值固废产生量的对数($lnPCIAV$)为负向指标,政策协同变量的系数为正,表示政策措施协同对该指标产生负向作

用,不利于降低单位工业增加值固废产生量;系数为负,表示政策措施协同对该指标产生正向作用,有利于降低单位工业增加值固废产生量。回归结果见表4-16和表4-17。表4-16为静脉产业政策措施协同对人均工业增加值($lnPCIAV$)影响的回归结果,表4-17为静脉产业政策措施协同对单位工业增加值固废产生量($lnSWIAV$)影响的回归结果。表4-16估计结果的R^2值最小为0.9980(模型1),最大值为1.0000(模型2),Adj-R^2最小值0.9898(模型1),最大值为0.9997(模型2),表明模型的整体拟合度很好。根据AIC信息标准选择的各政策措施协同对产业绩效影响的滞后期均在1年内,与现实中政策对产业绩效的滞后影响基本一致,表明模型的估计结果能够较好地解释这一滞后现象。

表4-16　静脉产业政策措施协同对人均工业增加值($lnPCIAV$)的影响

模型(1)		模型(2)		模型(3)	
解释变量 (lag)	系数 (t值)	解释变量 (lag)	系数 (t值)	解释变量 (lag)	系数 (t值)
$lnOI(0)$	2.26446* (3.04)	$lnOIG(1)$	431.31* (10.24)	$lnOIA(0)$	1.753** (4.43)
$lnOF(1)$	-0.65022** (-5.69)	$lnOFG(1)$	6.865* (8.44)	$lnOFA(0)$	2.172 (2.32)
$lnOS(1)$	0.10558** (6.25)	$lnOSG(1)$	430.302* (10.17)	$lnOSA(0)$	-2.496* (-3.36)
$lnIF(0)$	0.59650** (4.72)	$lnIFG(1)$	425.03* (10.01)	$lnIFA(0)$	-2.647* (-3.27)
$lnIS(0)$	3.77785* (3.71)	$lnISG(1)$	1.842* (7.85)	$lnISA(1)$	-0.309 (-0.6)
$lnFS(1)$	0.59412** (5.88)	$lnFSG(1)$	432.24* (10.26)	$lnFSA(1)$	0.191 (0.7)
$lnK(0)$	1.83466* (3.51)	$lnK(0)$	0.946 (6.06)	$lnK(0)$	1.318* (3.24)

续表 4-16

模型(1)		模型(2)		模型(3)	
解释变量 (lag)	系数 (t值)	解释变量 (lag)	系数 (t值)	解释变量 (lag)	系数 (t值)
$lnL(0)$	-1.69838* (-3.67)	$lnL(0)$	0.788 (4.92)	$lnL(0)$	-1.405** (-4.69)
_cons	4.79217* (2.94)	_cons	-7.371* (-6.51)	_cons	3.937* (2.96)
R^2	0.9980	R^2	1.0000	R^2	0.9983
Adj-R^2	0.9898	Adj-R^2	0.9997	Adj-R^2	0.9914

注：***、**、*分别代表1%、5%和10%的显著性水平。

表 4-17　静脉产业政策措施协同对单位工业增加值固废产生量($lnSWIAV$)的影响

(4)		(5)		(6)	
解释变量 (lag)	系数 (t值)	解释变量 (lag)	系数 (t值)	解释变量 (lag)	系数 (t值)
$lnOI(1)$	-1.29189* (-6.52)	$lnOIG(0)$	-4.772*** (-17.95)	$lnOIA(0)$	-4.808*** (-14.49)
$lnOF(1)$	2.49909** (17.76)	$lnOFG(0)$	-6.403*** (-11.22)	$lnOFA(0)$	-7.047** (-8.98)
$lnOS(1)$	-6.16858** (-13.89)	$lnOSG(0)$	-6.660*** (-14.7)	$lnOSA(0)$	7.078*** (11.37)
$lnIF(1)$	-2.34020* (-7.69)	$lnIFG(0)$	-6.242*** (-12.52)	$lnIFA(0)$	6.304** (9.27)
$lnIS(1)$	-7.77517** (-13.00)	$lnISG(1)$	-2.288** (-7.45)	$lnISA(1)$	2.152** (4.98)
$lnFS(1)$	-1.58759* (-6.82)	$lnFSG(1)$	-0.027 (-0.17)	$lnFSA(1)$	-0.009 (-0.04)

续表 4–17

解释变量(lag)	系数(t值)	解释变量(lag)	系数(t值)	解释变量(lag)	系数(t值)
	(4)		(5)		(6)
$lnK(0)$	-3.36689* (-11.35)	$lnK(0)$	-3.146*** (-12.95)	$lnK(0)$	-3.477*** (-10.19)
$lnL(1)$	1.31826** (13.95)	$lnL(0)$	1.853*** (11.41)	$lnL(0)$	2.257** (8.98)
_cons	9.60181* (10.06)	_cons	-11.897*** (-10.44)	_cons	-7.324** (-6.55)
R^2	0.9998	R^2	0.9996	R^2	0.9994
Adj-R^2	0.9986	Adj-R^2	0.9980	Adj-R^2	0.9970

注：＊＊＊、＊＊、＊分别代表1％、5％和10％的显著性水平。

(一) 四项主要政策措施两两协同使用对产业绩效的影响分析

比较表4–16模型(1)和表4–17模型(4)发现,优化产业链措施与创新引领措施协同使用($lnOI$)、优化产业链措施与服务促进措施协同使用($lnOS$)、创新引领措施与财税金融措施协同使用($lnIF$)、创新引领措施与服务促进措施协同使用($lnIS$)、财税金融措施与服务促进措施协同使用($lnFS$)对人均工业增加值($lnPCIAV$)和单位工业增加值固废产生量($lnSWIAV$)均有显著的正向作用(至少在10％水平上显著),仅有优化产业链措施与财税金融措施协同使用($lnOF$)对人均工业增加值($lnPCIAV$)和单位工业增加值固废产生量($lnSWIAV$)有显著负向作用(至少在10％水平上显著),表明我国静脉产业政策措施总体上是协同有效的,假设H1得到部分验证。原因分析如下：

(1) 优化产业链措施与创新引领措施协同使用($lnOI$)。优化产业链措施激发了静脉企业创新活力,为创新创造了机会和条件,创新引领措施为产业链带来技术创新、产品创新、管理创新和模式创新,为产业链注入活力,两种措施相得益彰,相互促进,实现了"1+1>2"的效果。

(2)优化产业链措施与服务促进措施协同使用($lnOS$)。优化产业链措施为静脉服务企业创造了服务机会,使静脉服务企业得到很好的服务能力水平展示,增加静脉服务企业盈利机会和能力。同时,服务促进措施调动了静脉服务企业的积极性,积极服务于优化产业链活动,成为促进静脉产业发展的活化剂,两种措施相互补充,促进了静脉制造业和静脉生产性服务业的协同。

(3)创新引领措施与财税金融措施协同使用($lnIF$)。财税金融措施为创新,尤其是技术创新提供了充足的财政资金,缓解了以往一直存在的创新资金不足、创新支持不力的局面。在创新资金基本充足的情况下,创新成果增多,推动静脉产业链优化和发展,对静脉产业园绩效产生显著正向作用。

(4)创新引领措施与服务促进措施协同使用($lnIS$)。服务促进措施为创新提供便利条件和优越环境,比如,为静脉技术研发人员提供良好的居住环境和便利的交通条件、解决技术研发人员子女就近入学等措施,很好地排解了创新人员的后顾之忧,让科研人员安于技术研发,增加创新成果产出,对提升静脉产业园绩效发挥积极作用。

(5)财税金融措施与服务促进措施协同使用($lnFS$)。财税金融措施为静脉服务企业提供财政补贴和税收优惠,调动了静脉服务企业的积极性,使静脉服务企业更加有信心、有激情为静脉企业服务,对静脉产业园绩效产生显著正向作用。

(6)仅有优化产业链措施与财税金融措施协同使用($lnOF$),对人均工业增加值($lnPCIAV$)和单位工业增加值固废产生量($lnSWIAV$)有显著负向作用(至少在10%水平上显著)。原因可能是优化产业链需要通过增链、调链、补链等方式实现,需要较多资金投入,政府给予的财政补贴力度不足,对静脉企业积极性调动作用有限,财政支持力度过大时,资金使用效率又可能会降低,同时来自于银行贷款的资金又会增加静脉企业偿债压力。

(二)两项主要政策措施与宣传引导措施协同使用对产业绩效的影响分析

比较表4-16模型(2)和表4-17模型(5)发现,当四项主要政策措施中的两项与宣传引导措施协同使用时,对静脉产业园绩效均产生显著正向影

响,多数协同组合增强了对静脉产业园绩效的作用,假设 H2 得到全部验证。原因分析如下:

（1）优化产业链措施、创新引领措施与宣传引导措施协同使用（$lnOIG$）,对产业绩效的影响与 $lnOI$ 比,正向影响方向不变,作用加强,使 $lnPCIAV$ 对政策协同变量的弹性由 $lnOI$ 的 2.264% 增大到 $lnOIG$ 的 431.31%,使 $lnSWIAV$ 对政策协同变量的弹性由 $lnOI$ 的 1.292% 增大到 $lnOIG$ 的 4.772%,且显著性增加,表明宣传引导措施在 $lnOI$ 对静脉产业园绩效影响关系上具有强化作用。原因可能是,在宣传引导措施的作用下,静脉企业认识到优化产业链的好处,积极创新,大胆探索,技术和管理创新与优化产业链高度协同,促进了静脉产业园绩效的提升。

（2）优化产业链措施、服务促进措施与宣传引导措施协同使用（$lnOSG$）,对产业绩效的影响与 $lnOS$ 比,正向影响方向不变,作用加强,使 $lnPCIAV$ 对政策协同变量的弹性由 $lnOS$ 的 0.106% 增大到 $lnOSG$ 的 430.3%,使 $lnSWIAV$ 对政策协同变量的弹性由 $lnOS$ 的 6.169% 增大到 $lnOSG$ 的 6.66%,且显著性增加,表明宣传引导措施在 $lnOS$ 对静脉产业园绩效影响关系上具有强化作用。原因可能是,在宣传引导措施作用下,进一步调动静脉服务企业的积极性,使他们积极参与到优化产业链活动中,对静脉产业园绩效产生了更显著的正向影响。

（3）创新引领措施、财税金融措施与宣传引导措施协同使用（$lnIFG$）,对产业绩效的影响与 $lnIF$ 比,正向影响方向不变,作用加强,使 $lnPCIAV$ 对政策协同变量的弹性由 $lnIF$ 的 0.597% 增大到 $lnIFG$ 的 425.03%,使 $lnSWIAV$ 对政策协同变量的弹性由 $lnIF$ 的 2.34% 增大到 $lnIFG$ 的 6.242%,且显著性增加,表明宣传引导措施在 $lnIF$ 对静脉产业园绩效影响关系上具有强化作用。原因可能是,静脉企业在财政创新资金支持和政府宣传引导措施作用下,技术创新积极性提高,创新能力被激发出来,对静脉产业园绩效产生了更显著的正向影响。

（4）创新引领措施、服务促进措施与宣传引导措施协同使用（$lnISG$）,对产业绩效的影响与 $lnIS$ 比,正向影响方向不变,作用减弱,使 $lnPCIAV$ 对政策协同变量的弹性由 $lnIS$ 的 3.778% 减小到 $lnISG$ 的 1.842%,使 $lnSWIAV$ 对政策协同变量的弹性由 $lnIS$ 的 7.775% 减小到 $lnISG$ 的 2.288%，显著性不变，表明宣传引导措施在 $lnIS$ 对静脉产业园绩效影响关系上调节作用不明显。

(5) 财税金融措施、服务促进措施与宣传引导措施协同使用（$lnFSG$），与 $lnFS$ 比，对 $lnPCIAV$ 的正向影响方向不变，作用加强，使 $lnPCIAV$ 对政策协同变量的弹性由 $lnFS$ 的 0.594% 增大到 $lnFSG$ 的 432.24%；对 $lnSWIAV$ 的正向影响方向不变，但作用减弱，使 $lnSWIAV$ 对政策协同变量的弹性由 $lnFS$ 的 1.588% 减小到 $lnFSG$ 的 0.027%。表明宣传引导措施在 $lnFS$ 对 $lnPCIAV$ 影响关系上具有强化作用，在 $lnFS$ 对 $lnSWIAV$ 影响关系上调节作用不明显。

(6) 优化产业链措施、财税金融措施与宣传引导措施协同使用（$lnOFG$），对产业绩效的影响与 $lnOF$ 比，影响方向发生了逆转，由负向作用变为正向作用，使 $lnPCIAV$ 对政策协同变量的弹性由 $lnOF$ 的 0.650% 增大到 $lnOFG$ 的 6.865%，使 $lnSWIAV$ 对政策协同变量的弹性由 $lnOF$ 的 2.499% 增大到 $lnOFG$ 的 6.403%，且显著性增加，表明宣传引导措施在 $lnOF$ 对静脉产业园绩效影响关系上具有显著改善作用。原因可能是，宣传引导措施对调动静脉企业运用有限财政补贴资金优化产业链发挥了积极作用，同时提升了财政补贴资金的使用效率，对提升静脉产业园绩效具有积极的影响。

(三) 两项主要政策措施与行政规范措施协同使用对产业绩效的影响分析

比较表 4-16 模型（3）和表 4-17 模型（6）发现，当四项主要政策措施中的两项与行政规范措施协同使用时，多数协同组合对静脉产业园绩效作用方向发生了逆转，仅有优化产业链措施和创新引领措施与行政规范措施协同使用、财税金融措施和服务促进措施与行政规范措施协同使用对静脉产业园绩效的作用方向没有改变，对绩效的作用力有不同程度的降低，假设 H3 得到部分验证。原因分析如下：

(1) 优化产业链措施、创新引领措施与行政规范措施协同使用（$lnOIA$），与 $lnOI$ 比，对 $lnPCIAV$ 的正向影响方向不变，作用减弱，使 $lnPCIAV$ 对政策协同变量的弹性由 $lnOI$ 的 2.264% 减小到 $lnOIA$ 的 1.753%，且显著性增加；对 $lnSWIAV$ 的正向影响方向不变，作用加强，使 $lnSWIAV$ 对政策协同

变量的弹性由 $lnOI$ 的 1.292% 增大到 $lnOIA$ 的 4.808%,且显著性增加。表明行政规范措施在 $lnOI$ 对 $lnPCIAV$ 影响关系上调节作用不明显,在 $lnFS$ 对 $lnSWIAV$ 影响关系上具有强化作用。

(2)财税金融措施、服务促进措施与行政规范措施协同使用($lnFSA$),与 $lnFS$ 比,对 $lnPCIAV$ 和 $lnSWIAV$ 的正向影响方向不变,作用减弱,使 $lnPCIAV$ 对政策协同变量的弹性由 $lnFS$ 的 0.594% 减小到 $lnFSA$ 的 0.191%,使 $lnSWIAV$ 对政策协同变量的弹性由 $lnFS$ 的 1.588% 减小到 $lnFSA$ 的 0.009%,表明行政规范措施在 $lnFS$ 对静脉产业园绩效影响关系上具有弱化作用。原因可能是,服务促进措施中提倡的服务项目主要由社会上第三方服务机构提供,当行政规范措施使用过多时,对第三方服务企业套上太多"紧箍咒",降低了第三方服务机构的积极性。

(3)优化产业链措施、财税金融措施与行政规范措施协同使用($lnOFA$),对产业绩效的影响与 $lnOF$ 比,作用方向发生了逆转,由负向作用变为正向作用,使 $lnPCIAV$ 对政策协同变量的弹性由 $lnOF$ 的 0.650% 增大到 $lnOFA$ 的 2.172%,使 $lnSWIAV$ 对政策协同变量的弹性由 $lnOF$ 的 2.499% 增大到 $lnOFA$ 的 7.047%,且显著性增加,表明行政规范措施在 $lnOF$ 对静脉产业园绩效影响关系上具有显著改善作用。原因可能是,行政规范措施一方面通过行政审批制度对产业链优化项目进行规范,提高了增链、补链项目的质量和价值,提升了静脉产业园绩效;另一方面,规范了静脉产业园和静脉企业对财政资金的运用,提高了资金使用效率,对提升静脉产业园绩效产生积极影响。

(4)优化产业链措施、服务促进措施与行政规范措施协同使用($lnOSA$),对产业绩效的影响与 $lnOS$ 比,作用方向发生了逆转,由正向作用变为负向作用,使 $lnPCIAV$ 对政策协同变量的弹性由 $lnOS$ 的 0.106% 增大到 $lnOSA$ 的 2.496%,使 $lnSWIAV$ 对政策协同变量的弹性由 $lnOS$ 的 6.169% 增大到 $lnOSA$ 的 7.078%,并且显著性增加,表明行政规范措施在 $lnOS$ 对静脉产业园绩效影响关系上产生了负面作用。原因可能是,与宣传引导措施不同,行政规范措施具有制度刚性,对静脉服务企业在进入门槛、服务范围等方面约束增加,限制了静脉服务企业提供服务的自由度和业务空间,降低了静脉服务企业的积极性,对静脉产业园绩效产生了负向影响。

(5)创新引领措施、财税金融措施与行政规范措施协同使用($lnIFA$),对产业绩效的影响与 $lnIF$ 比,作用方向发生了逆转,由正向作用变为负向作用,使 $lnPCIAV$ 对政策协同变量的弹性由 $lnIF$ 的 0.597% 增大到 $lnIFA$ 的 2.647%,使 $lnSWIAV$ 对政策协同变量的弹性由 $lnIF$ 的 2.34% 增大到 $lnIFA$ 的 6.304%,表明行政规范措施在 $lnIF$ 对静脉产业园绩效影响关系上产生了负面作用。原因可能是,行政规范措施限制了静脉企业自由自主创新的积极性。

(6)创新引领措施、服务促进措施与行政规范措施协同使用($lnISA$),对产业绩效的影响与 $lnIS$ 比,作用方向发生了逆转,由正向作用变为负向作用,使 $lnPCIAV$ 对政策协同变量的弹性由 $lnIS$ 的 3.778% 减小到 $lnISA$ 的 0.309%,使 $lnSWIAV$ 对政策协同变量的弹性由 $lnIS$ 的 7.775% 减小到 $lnISA$ 的 2.152%,并且显著增加,表明行政规范措施在 $lnIS$ 对静脉产业园绩效影响关系上产生了负面作用。原因可能与 $lnOSA$ 中行政规范措施产生负面作用相同。

上述政策措施协同使用对产业绩效影响的显著性、作用方向和弹性变化情况总结于表4-18,以便读者了然于目。

表4-18 政策措施协同使用对产业绩效影响的显著性、作用方向和弹性变化情况

$lnPCIAV$			$lnSWIAV$		
(1)	(2)	(3)	(4)	(5)	(6)
$lnOI^*$ +	$lnOIG^*$ +↑	$lnOIA^{**}$ +↓	$lnOI^*$ +	$lnOIG^{***}$ +↑	$lnOIA^{***}$ +↑
$lnOF^{**}$ −	$lnOFG^*$ +逆	$lnOFA$ +逆	$lnOF^{**}$ −	$lnOFG^{***}$ +逆	$lnOFA^{**}$ +逆
$lnOS^{**}$ +	$lnOSG^*$ +↑	$lnOSA^*$ −逆	$lnOS^{**}$ +	$lnOSG^{***}$ +↑	$lnOSA^{***}$ −逆
$lnIF^{**}$ +	$lnIFG^*$ +↑	$lnIFA^*$ −逆	$lnIF^*$ +	$lnIFG^{***}$ +↑	$lnIFA^{**}$ −逆
$lnIS^*$ +	$lnISG^*$ +↓	$lnISA$ 逆	$lnIS^{**}$ +	$lnISG^*$ +↓	$lnISA^{**}$ −逆
$lnFS^{**}$ +	$lnFSG^*$ +↑	$lnFSA$ +↓	$lnFS^*$ +	$lnFSG^*$ ↓	$lnFSA$ +↓

注:***、**、*分别代表1%、5%和10%的显著性水平。"+"表示正向作用,"−"表示负向作用,"逆"表示作用方向发生逆转,"↑"表示因变量对自变量的弹性增大,"↓"表示因变量对自变量的弹性减小。

本章小结

文章在梳理 2005—2016 年我国静脉产业政策基础上，选择静脉产业政策中使用频次最多的 6 项政策措施，其中 4 项为主要政策措施，2 项为辅助政策措施。设计政策措施增量评价方法和评价标准、政策措施协同变量、政策措施协同效果评价模型，构建静脉产业政策措施协同效果评价体系，分析我国静脉产业政策措施协同对静脉产业绩效的影响。主要结论如下：

(1) 中国静脉产业政策措施中，四项主要政策措施两两协同使用时总体上是有效的。创新引领措施和服务促进措施在政策措施协同中发挥了重要作用。优化产业链措施与创新引领措施协同使用、优化产业链措施与服务促进措施协同使用、创新引领措施与财税金融措施协同使用、创新引领措施与服务促进措施协同使用、财税金融措施与服务促进措施协同使用对人均工业增加值和单位工业增加值固废产生量均有显著的正向作用，仅有优化产业链措施与财税金融措施协同使用对人均工业增加值和单位工业增加值固废产生量产生负向作用。

(2) 当四项主要政策措施中的两项与宣传引导措施协同使用时，仅有优化产业链措施、财税金融措施与宣传引导措施协同使用，对产业绩效的影响与优化产业链措施和财税金融措施协同使用比，作用方向由负向作用变为正向作用，其他的两项主要政策措施与宣传引导措施协同使用，对静脉产业园绩效影响的方向不变，并且作用力增强。

(3) 当四项主要政策措施中的两项与行政规范措施协同使用时，仅有优化产业链措施和创新引领措施与行政规范措施协同使用、财税金融措施和服务促进措施与行政规范措施协同使用对静脉产业园绩效的作用方向没有改变，但对绩效的作用力有不同程度的降低，其他的两项主要政策措施与行政规范措施协同使用，对静脉产业园绩效作用方向发生了逆转。

第五章
结论、政策建议与展望

第一节 研究结论

通过对问题的系统分析,本书主要有以下结论。

一、静脉产业园区化发展优势凸显,四链功能日趋完善

对静脉产业园四链功能解析,可以得到一个通用的静脉产业园区功能评价模式,一方面可以为静脉产业园区规划提供参考,另一方面可以为静脉产业园功能完善度评价提供依据。从三个静脉产业园四链功能评价结果看,三个静脉产业园的创新链功能完善程度高于产业链和服务链,三个静脉产业园的资金链功能都处于基本完善状态。建园早、规模大、产业关联度高的静脉产业园的产业链和服务链功能都很完善。这说明,规模大、产业关联度高的静脉产业园更容易实现集约化经营,材料和能源容易梯级利用、充分利用,对创新要素、服务企业和资金的吸引力更强,也证明了静脉产业"园区化"发展策略的正确性和必要性。

二、静脉产业园四链有序度稳步上升

静脉产业园四链功能协同度主要体现在四个功能链所具有能力的协同。这四个功能链分别对应于四种能力——产业发展能力、创新能力、服务

能力、资金筹集及流动能力,每种能力可以通过若干指标来度量,形成四个不同的能力子系统。四个能力子系统及其度量指标构成了静脉产业园四链协同评价体系,为静脉产业园四链协同系统的协同度评价提供了方法。

天津子牙、西安高新和朔州静脉三个静脉产业园功能评价结果表明,服务链上某些服务环节缺失和资金链功能不足是制约静脉产业园发展的因素。天津子牙和西安高新两个静脉产业园四链协同评价实证结果表明,在2006—2016年天津子牙和西安高新两个开发区静脉产业系统的产业发展能力子系统、创新能力子系统、服务能力子系统、资金筹集及流动能力子系统有序度均呈上升趋势,而四链复合系统的协同度在 $0\sim0.2$ 低区间范围内平稳上升。二者的四链复合系统协同度存在细微差别。在2012年以前,天津子牙在 $0.0557\sim0.1345$ 范围内反复震荡,西安高新在 $0.0649\sim0.1155$ 范围内反复震荡,前者震荡频率和幅度均高于后者。这说明在2012年之前,复合系统中各功能链的能力发展上,天津子牙的不均衡程度和变化速度高于西安高新。在2012年之后,两个开发区的静脉产业四链复合系统协同度均呈平稳上升趋势,而且在2012—2015年西安高新静脉产业四链复合系统协同度高于天津子牙,但2015年后天津子牙的协同度迅速提升,超越西安高新。

三、不同静脉产业政策措施组合协同度有差异

静脉产业园四链协同系统动力学模型实证表明,采取优化产业链、增加创新投入、提高服务能力和增加资本投入等措施对降低单位工业增加值固废产生量,提高人均工业增加值、废物综合利用率、固废处置利用能力、公众对环境的满意度、对生态环境的认知率均具有明显的正向影响。静脉产业四链政策协同效果实证结果表明,静脉产业政策措施整体上协同性较好,对静脉产业园绩效的作用总体上正向作用多于负向作用。

中国静脉产业政策措施中,四项主要政策措施两两协同使用时总体上是有效的。创新引领措施和服务促进措施在政策措施协同中发挥了重要作用。优化产业链措施与创新引领措施协同使用、优化产业链措施与服务促进措施协同使用、创新引领措施与财税金融措施协同使用、创新引领措施与服务促进措施协同使用、财税金融措施与服务促进措施协同使用对人均工

业增加值和单位工业增加值固废产生量均有显著的正向作用,仅有优化产业链措施与财税金融措施协同使用对人均工业增加值和单位工业增加值固废产生量产生负向作用。

当四项主要政策措施中的两项与宣传引导措施协同使用时,仅有优化产业链措施、财税金融措施与宣传引导措施协同使用,对产业绩效的影响与优化产业链措施和财税金融措施协同使用比,作用方向由负向变为正向,其他的两项主要政策措施与宣传引导措施协同使用,对静脉产业绩效影响的方向不变,并且作用力增强。

当四项主要政策措施中的两项与行政规范措施协同使用时,仅有优化产业链措施和创新引领措施与行政规范措施协同使用、财税金融措施和服务促进措施与行政规范措施协同使用对静脉产业绩效的作用方向没有改变,但对绩效的作用力有不同程度的降低,其他的两项主要政策措施与行政规范措施协同使用,对静脉产业绩效作用方向发生了逆转。

第二节 政策建议

静脉产业园建设和发展为循环经济体系健康运行发挥举足轻重的作用。根据上述研究结论,提出以下政策建议。

一、加强地区间规划协调

每个静脉产业园应具有自身的特色,形成自己的"个性",未必大而全就好。近几年各地政府积极响应中央政府号召,纷纷规划建设静脉产业园,这是好事。但是静脉产业的发展受到废物产生数量、环境和经济的影响,不可能每一地区都设立规模大功能全的静脉产业园。笔者走访调研时发现,一些地方在申报静脉产业项目时缺乏对周边已有项目的考查,出现局部范围内扎堆设立同质化静脉产业园,导致废物资源需求竞争、供应不足之矛盾。因此,应从顶层加强静脉产业规划编制的科学性,注意区域之间协调,打破行政区域界限，临近的几个城市共建共享一个静脉产业园设施，避免重复投资，避免各地区"一蜂窝"地设立规模大、功能全的静脉产业园。尤其针对废电子电器产品、废旧轮胎、废机动车、废塑料、废电池、废有色金属、废钢铁等废旧物资的拆解和再制造，应该利用大数据技术，根据各类产品全国保有量数据和平均报废年限，估算出全国废物产出量，再加上可能的废物进口量，进行科学的静脉产业投资规划和区域间静脉产业园建设规划。最大限度地节约社会资源和土地资源，有利于扩大单个静脉产业园的规模，降低运营成本，实现区域协调发展。针对建筑垃圾和城市生活垃圾静脉产业园的建设力度应当加大，以更好地消化建筑垃圾和城市生活垃圾存量。

二、重视四链功能协同发展

应当重视四链功能的协同发展，提高四链功能协同度，建议从以下方面做出改进。

（1）在产业链上，提高有回收资质企业对固废的回收比例，聚焦生态产业，引进优势产业链项目，采取增链、延链和补链措施完善产业链结构是产业园区未来发展的有效措施之一。园区管理者应积极对接区域协同发展战略，针对固废回收网络、再制造、资源精深加工等重点领域，科学谋划，精准招商，特别是在固废回收网络建设方面，支持生产企业建立自主回收体系、逆向物流回收体系，做好"回收哥"等网络回收体系建设，加强对再生资源回收行业的监督管理工作，形成规范、统一的固废回收体系；不要把固废回收网络局限于局部地区，而要拓展到更广泛的地区乃至全国，提高废旧资源的回收量和回收效率，为静脉产业园区发展提供原料保障。

（2）在创新链上，目前静脉产业园至少有以下几个环节需要创新：首先，废弃物回收模式需要创新。废弃物回收模式需要从以"废品回收'游击队'+废品回收站"为主、"生产厂家+销售商"为辅的回收模式，转变为以"生产厂家+销售商"为主、"废品回收'游击队'+废品回收站"为辅的模式。其次，再生处理技术需要创新，有效降低再生过程成本。废弃物资源化处理技术落后，导致再生资源价格往往比一次资源价格高，抬高了以再生资源为原材料的最终产品价格，致使再生资源产品销售不畅，因此需要重视再生处理技术创新,以降低再生资源产品价格。最后,废弃物无害化处理技术需要进一步突破。要解决上述技术问题,应充分重视静脉产业园创新能力的提升,依托龙头企业雄厚的资金实力和科研实力,引进科技创新人才,增加创新人员投入和创新经费投入,突破急需的关键技术,改造加工工艺,提高创新能力,同时提高创新成果转化率,提高静脉产业园区绩效水平。静脉产业园区及入驻企业,应重视与高校联合培养创新人才,同时密切关注发达国家先进技术的学习和引进,与国外拥有先进静脉技术企业和科研团队合作,以技术引进、合作研发等形式进行关键技术交流。建立生态工业产学研示范基地,提高先进技术对园区建设的支撑能力。

(3)强化服务链功能。在服务链上,某些服务链功能环节缺失是制约静脉产业及静脉产业园发展的关键因素,因此,各地政府应当重视静脉产业服务链功能的完善。一方面,地方政府应切实转变其职能,将中央"放管服"政策落实到位,为静脉企业提供优质高效的行政服务。另一方面,政府应积极调整现有政策中关于静脉产业发展的服务促进措施和行政规范措施。优化服务促进措施,减少对第三方服务企业的行政干预。重视居民生活垃圾分类技能培训服务链的培育。具体来说,一是鼓励产学研相互协作,构建科学的生活垃圾分类标准体系,既便于居民掌握使用,又能降低后期进一步分类处理成本。二是构建生活垃圾分类知识培训体系,整合居民生活垃圾分类技能培训服务链的资源,调动社区、第三方服务机构的积极性,加大对居民的教育和培训,提高居民的垃圾分类技能水平和综合素质,鼓励居民积极了解废物利用知识、积极参与到静脉产业链中。三是为园区企业提供良好的基础服务设施,改善生产性服务环境,提升服务能力。

(4)重视资金链发育和健全,重视资金对静脉产业园发展的支持作用。在资金链上,首先加强政府对园区基础设施的投资力度,完善公用工程设施。其次,针对静脉产业企业资金链功能不足和融资难的问题,应在政府科学规划和规模可控的前提下,科学设立静脉产业园项目,出台更好的静脉产业投融资政策,引导社会资本加大对园区企业在扩大产业规模、优化产业链、创新研发等领域的投资力度。对于一些前景好的创新项目和产业项目,由政府担保,动员金融机构积极支持,同时大力推行 BOT 融资和 PPP 融资。再次,政府应进一步加大对静脉企业发展的支持力度,推行积极、稳健、协调的财税政策,在降低静脉产业企业税负的同时,给予静脉企业最大力度的财政补贴,减少静脉企业的后顾之忧,让它们释放活力,调动它们的积极性。最后,加快发展非银金融,积极面向静脉产业企业开展风险投资、商业票据融资、股权投资、信托融资等业务,支持发行短期中小企业债券,支持符合条件的企业发行绿色债券,用于静脉产业园项目建设。

三、重视静脉产业政策措施协同使用

静脉产业园健康运行的关键在于机制,机制设计关键在于政策。静脉产业作为循环经济重要组成部分,在资源节约型、环境友好型社会建设中发挥重要作用。但是静脉产业自身的经济效益相较其他产业偏低,环境效益具有较强的正外部性。保护环境和改善环境不仅是每个公民、每个企业的职责,更是政府的重要职责。因此,静脉产业园发展应充分尊重市场的调节作用,但在前期规划、初期发展阶段和制度建立方面,应以政府为主导,做好静脉产业园发展的顶层规划,对产业发展进行宏观调控和引导,合理确定产业布局和组织结构,及时出台静脉产业园发展的专项规划和配套政策。在具体政策措施上,本书给出以下建议:

(1)重视创新引领措施和服务促进措施与优化产业链措施和财税金融措施的协同使用。当财税金融措施与优化产业链措施协同使用时,应把握好财政补贴的力度,既要避免力度不足难以发挥财政资金对优化产业链积极性的调动作用,又要避免财政支持力度过大时,资金使用效率低下问题。在使用银行贷款支持产业链优化项目时,要尊重静脉企业的意愿,避免企业偿债压力过大影响其发展。

(2)多数情况下宣传引导措施能够提升静脉产业政策措施协同使用效果,因此应重视宣传引导措施的协同使用,尤其重视优化产业链措施、财税金融措施与宣传引导措施的协同使用,以便提升优化产业链措施和财税金融措施协同使用的效果。

(3)谨慎使用行政规范措施。行政规范措施具有制度刚性,能够对优化产业链活动、财政资金使用、生产服务活动以及创新活动起到规范作用,但也容易束缚经济主体的思想,约束它们的行动,使用力度过大,容易打击静脉产业中经济主体的积极性,对产业发展绩效带来消极影响。

第三节 研究局限性及展望

一、研究的局限性

我国循环经济发展刚刚起步,理论研究和产业实践方兴未艾。本书对静脉产业园产业链、创新链、服务链和资金链四链协同进行了较为深入的研究。尽管如此,本书的研究内容也仅仅是静脉产业园研究的一个方面,尚存在以下局限:

(1)静脉产业四链协同系统动力学模型中各变量的因果关系非常复杂,涉及面很广,已经超出了方法本身的能力范围,需要用经济的、数学的和管理的理论做更加深入的分析,模型的科学合理性需要经过全面的、大量的数据加以验证,限于某些数据的可获得性,模型有待做进一步检验。

(2)本书在政策效果评价部分,为了简化问题讨论的复杂性,将与财政、税收和金融相关的内容都归为财税金融措施,可能难以区分它们对静脉产业发展绩效的影响。事实上至少应当将财税金融措施分解为财税措施和金融措施分别加以研究。即便如此,也不足以详尽反映国家对静脉产业的投融资引导政策的全貌。

(3)本书仅对 BOT 项目融资、PPP 项目融资有所提及,没有做更加深入的讨论,是论文研究的又一局限性。

二、未来的研究方向

综述已有研究和本书所做的研究,笔者认为未来关于静脉产业园研究应关注以下几个方面:

(1)目前垃圾分类处理知识普及程度很低,多数居民对垃圾分类知识知之甚少,针对有效普及垃圾分类处理知识的研究不多,未来应从这一现实情况出发,研究静脉产业服务链上如何建立垃圾分类处理的短期应对机制和长效发展机制,丰富居民分类投放的知识。

(2)在缺乏监管的情况下,部分环卫工人在收集生活垃圾时缺乏责任心,贪图省事,将居民已分好类的垃圾混合收集、混合运输,结果增加了分类处理成本。目前解决这一问题的研究不多,未来可从博弈分析视角,研究环卫工人与监管部门之间的利益博弈,寻找恰当的应对机制,提升环卫工人的工作责任心和分类收集意识。

(3)静脉产业园项目融资方式近两年受到学者们的关注,部分学者提出了静脉产业园 BOT 项目融资、PPP 融资机制,但研究成果还不丰富,缺乏对 BOT、PPP 更加深入的讨论,未来应给予更多的关注。另外,针对静脉产业链上中小企业融资难的问题,可以从其他领域的研究成果中借鉴一些经验,但静脉产业活动有其特殊性,应当针对静脉产业中小企业做一些深入的专项研究。

(4)本书提出了静脉产业园四链协同范式,也通过规范分析方法做了逻辑证明,其科学性尚需在广泛应用中得到进一步证明和完善。

(5)系统动力学作为一种研究问题的系统思维方法,已经被广大学者认可,并在诸多领域得到成功应用。本书提出的静脉产业园四链协同动力学模型,由于受某些数据可获得性限制,可能尚存在一些缺陷,需要在进一步的研究中补充数据对模型做出检验和修正。

此外,在未来的研究中,将从不同视角进一步对静脉产业园四链协同相关问题进行探索。对于本书实证研究中未得到验证的部分,后续研究中将通过调整概念模型、增加调研密度、扩大样本量等方式继续深入探索。

参考文献

[1] 安小米,宋刚,路海娟,等. 实现新型智慧城市可持续发展的数据资源协同创新路径研究[J]. 电子政务,2018(12):90-100.

[2] 宾幕容,文孔亮,周发明. 湖区农户畜禽养殖废弃物资源化利用意愿和行为分析:以洞庭湖生态经济区为例[J]. 经济地理,2017,37(09):185-191.

[3] 宾幕容,文孔亮,周发明. 农户畜禽废弃物利用技术采纳意愿及其影响因素:基于湖南462个农户的调研[J]. 湖南农业大学学报(社会科学版),2017,18(04):37-43.

[4] 宾幕容,文孔亮. 基于农户满意度的循环农业技术采纳的绩效研究:以畜禽养殖废弃物利用为例[J]. 江西社会科学,2017,37(09):93-99.

[5] 曹文彬,郭垚."农超对接"供应链模式仿真研究[J]. 物流科技,2014,37(05):17-22.

[6] 柴艳萍,王晓路. 循环经济的伦理特质[J]. 中州学刊,2019(02):98-102.

[7] 陈建国,原沈超. 建筑废弃物分拣回收政策效应模拟评估:基于不同补贴金额视角的分析[J]. 城市问题,2017(07):27-34.

[8] 陈翔,肖序. 企业循环经济评价指标体系构建与精度测算[J]. 统计与决策,2019,35(12):169-172.

[9] 陈翔,肖序. 中国工业产业循环经济效率区域差异动态演化研究与影响因素分析:来自造纸及纸制品业的实证研究[J]. 中国软科学,2015(1):160-171.

[10] 崔晓杨,闫冰倩,乔晗,等. 基于"微笑曲线"的全产业链商业模式创新:万达商业地产案例[J]. 管理评论,2016,28(11):264-272.

[11] 邓世名,王田,魏冬娟,等. 分布式服务链中顾客满意度激励机制研

究[J]. 管理科学学报,2015,18(08):12-19.

[12] 刁秀华,李宇. 基于循环经济的区域工业生态化测度与比较[J]. 中国软科学,2019(05):185-192.

[13] 丁玉梅,李鹏,张俊飚,等. 农业废弃物循环利用:技术推广与农户采纳的协同创新及深度衔接机制[J]. 中国科技论坛,2014(06):154-160.

[14] 董芳青,楚春礼,周恋秋,等. 我国静脉产业园原材料来源调查与国际经验借鉴[J]. 生态经济,2016,32(09):95-99.

[15] 冯朝军. 科技型中小企业集群创新的价值链分析[J]. 技术经济与管理研究,2017(06):40-43.

[16] 冯严超,王晓红. 中国式财政分权、地方政府竞争与循环经济绩效:基于动态广义空间模型的分析[J]. 上海对外经贸大学学报,2019,26(02):39-48.

[17] 付欣然. 中国工业机器人"产业链—创新链—资金链"的三链协同研究[D]. 大连理工大学,2017.

[18] 郭本海,李军强,张笑腾. 政策协同对政策效力的影响:基于227项中国光伏产业政策的实证研究[J]. 科学学研究,2018,36(05):790-799.

[19] 郭汉丁,张印贤. 废旧电器再生利用闭环产业链主体责任共担机制探究[J]. 资源开发与市场,2016,32(02):183-186.

[20] 郭键柄,张琪,陈正,等. 废旧印刷电路板回收利用的研究进展[J]. 有色金属(冶炼部分),2015(07):66-69.

[21] 何红渠,谢雄军. 基于LCA-MFA方法的循环经济产业链规划技术与其应用[J]. 经济地理,2013,33(10):117-123.

[22] 何可,张俊飚. 基于农户WTA的农业废弃物资源化补偿标准研究:以湖北省为例[J]. 中国农村观察,2013(05):46-54.

[23] 何可,张俊飚. 农民对资源性农业废弃物循环利用的价值感知及其影响因素[J]. 中国人口·资源与环境,2014,24(10):150-156.

[24] 洪进,汪良兵,赵定涛. 自组织视角下中国技术转移系统协同演化路径研究[J]. 科学学与科学技术管理,2013,34(10):77-84.

[25] 洪银兴. 科技创新阶段及其创新价值链分析[J]. 经济学家,2017(04):

5-12.

[26] 胡刚,江浩,徐振标."城市矿产"视角下建筑废弃物的开发与利用:以广州市为例[J].城市问题,2016(01):47-51.

[27] 黄振中,王艳,李思一,等.中国可持续发展系统动力学仿真模型[J].计算机仿真,1997(04):3-7.

[28] 吉登斯安东尼,吉登斯,李康,等.社会的构成:结构化理论纲要[M].北京:中国人民大学出版社,2016.

[29] 纪慧生,姚树香.制造企业技术创新与商业模式创新协同演化:一个多案例研究[J].科技进步与对策,2019,36(03):90-97.

[30] 纪雪洪,吴永林.有效竞争、创新能力与产业链协作:中国新能源汽车产业的未来发展[J].江苏行政学院学报,2017(02):57-61.

[31] 贾军,张卓,张伟.中国高技术产业技术创新系统协同发展实证分析:以航空航天器制造业为例[J].科研管理,2013,34(04):9-15.

[32] 贾仁安,徐波.系统动力学学科建设薪火相承:评《系统动力学前沿与应用》[J].东方论坛,2018(04):125-126.

[33] 江飞涛,李晓萍.改革开放四十年中国产业政策演进与发展:兼论中国产业政策体系的转型[J].管理世界,2018,34(10):73-85.

[34] 江曼琦,梅林.产业"链"簇关系辨析与协同发展策略研究[J].河北经贸大学学报,2018,39(01):73-82.

[35] 姜海,雷昊,白璐,等.不同类型地区畜禽养殖废弃物资源化利用管理模式选择:以江苏省太湖地区为例[J].资源科学,2015,37(12):2430-2440.

[36] 康捷,袁永,胡海鹏.基于全过程的科技创新政策评价框架体系研究[J].科技管理研究,2019,39(02):25-30.

[37] 赖晓东,李利蓉.产险结合与企业的融资约束缓解:基于西部地区循环经济上市公司的实证研究[J].大连理工大学学报(社会科学版),2019,40(02):45-51.

[38] 李俊霞,张哲,温小霓.科技金融支持高新技术产业发展的实证研究:基于系统动力学方法[J].中国管理科学,2016(S1):751-757.

[39] 李鹏,杨志海,张俊飚,等. 资源性农业废弃物循环利用绩效的区域差异问题研究:以农户基质化为例[J]. 经济地理,2013,33(03):150-155.

[40] 李鹏,张俊飚,颜廷武. 农业废弃物循环利用参与主体的合作博弈及协同创新绩效研究:基于DEA-HR模型的16省份农业废弃物基质化数据验证[J]. 管理世界,2014(1):90-104.

[41] 李伟. 产业链环境责任及其驱动机制[J]. 学术界,2016(04):223-229.

[42] 李文超,田立新,贺丹. 经济—能源—环境可持续发展的系统动力学研究:以中国为例[J]. 系统科学学报,2014,22(03):54-57.

[43] 李武军,黄炳南. 中国低碳经济政策链范式研究[J]. 中国人口·资源与环境,2010,20(10):19-22.

[44] 连莲. 基于系统动力学视角的产业经济增长研究[D]. 北京交通大学,2017.

[45] 蔺雷,吴家喜,王萍. 科技中介服务链与创新链的共生耦合:理论内涵与政策启示[J]. 技术经济,2014,33(06):7-12.

[46] 刘兵,赵雪,梁林,等. 区域创新生态系统与人才配置协同演化路径研究:以京津冀地区为例[J]. 科技管理研究,2019,39(10):46-54.

[47] 刘畅,涂国平. 供给侧改革与全球产业链重构[J]. 河南社会科学,2016,24(04):1-10.

[48] 刘光富,鲁圣鹏,李雪芹. 产业共生研究综述:废弃物资源化协同处理视角[J]. 管理评论,2014,26(05):149-160.

[49] 刘洪民,杨艳东. 制造业共性技术研发协同知识链及知识流动模型:模块化协同视角的研究[J]. 科技进步与对策,2016,33(09):41-46.

[50] 刘佳娜. 动脉产业与静脉产业耦合发展分析及其评价研究[D]. 辽宁科技大学,2017.

[51] 刘微微,邢菁. 可再生能源技术吸收能力对我国能源产业绩效的影响[J]. 管理学报,2017,14(01):93-99.

[52] 刘煜东. 农村生活垃圾处理财税政策研究[D]. 财政部财政科学研究所,2014.

[53] 刘志迎,毕盛,谭敏. 基于 SD 中国技术转移系统演化的动态模型研究[J]. 科学学研究,2014,32(12):1811-1819.

[54] 卢福财,胡平波. 工业废弃物循环利用:网络运行绩效及其影响因素[J]. 经济管理,2015,37(12):145-153.

[55] 罗琳,顾新. 智慧数据驱动的产学研协同创新知识管网研究[J]. 软科学,2017,31(06):15-18.

[56] 罗政,李玉纳. 企业价值链协同知识创新影响因素的系统动力学建模与仿真[J]. 现代图书情报技术,2016,32(05):80-90.

[57] 马军杰,杨立媛. 基于系统动力学的上海科技政策评价研究[J]. 科研管理,2017,38(S1):462-469.

[58] 彭本红,谷晓芬,武柏宇. 电子废弃物回收产业链多主体协同演化的仿真分析[J]. 北京理工大学学报(社会科学版),2016,18(02):53-63.

[59] 全世文,刘媛媛. 农业废弃物资源化利用:补偿方式会影响补偿标准吗?[J]. 中国农村经济,2017(04):13-29.

[60] 施宏伟,康新兰. 基于知识链的集群中心度与协同创新激励条件研究[J]. 科技进步与对策,2015,32(16):135-138.

[61] 石文伟. 促进城市生活垃圾分类处理的财政政策研究:以广西壮族自治区为例[J]. 财政研究,2014(08):30-32.

[62] 舒畅,乔娟,耿宁. 畜禽养殖废弃物资源化的纵向关系选择研究:基于北京市养殖场户视角[J]. 资源科学,2017,39(07):1338-1348.

[63] 宋敏. 科技中介服务链、创新链和产业链的融合互动发展研究:基于科技中介服务的视角[J]. 企业科技与发展,2014(24):1-3.

[64] 孙浩,张桂涛,钟永光,等. 政府补贴下制造商回收的多期闭环供应链网络均衡[J]. 中国管理科学,2015,23(01):56-64.

[65] 覃琼霞. 水资源循环治理中的资金链研究[J]. 中国软科学,2017(07):1-9.

[66] 田宜水,姚一晨,宋成军,等. 基于能值分析的农业园区循环经济发展评价研究[J]. 农业工程学报,2019,35(04):241-247.

[67] 佟贺丰,杨阳,王静宜,等. 中国绿色经济发展展望:基于系统动力学模

型的情景分析[J]. 中国软科学,2015(06):20-34.

[68] 王草,李成勋.《资本论》关于物质变换理论下的循环经济研究[J]. 毛泽东邓小平理论研究,2019(01):29-35,107.

[69] 王昶,左绿水,孙桥,等. 基于资源-技术-环境的高技术城市矿产战略性筛选[J]. 中国人口·资源与环境,2017,27(07):25-34.

[70] 王宏起,徐玉莲. 科技创新与科技金融协同度模型及其应用研究[J]. 中国软科学,2012(06):129-138.

[71] 王宏强. 产业链重构:概念、形式及其意义[J]. 山东社会科学,2016(05):189-192.

[72] 王吉发,敖海燕,陈航. 基于创新链的科技服务业链式结构及价值实现机理研究[J]. 科技进步与对策,2015,32(15):59-63.

[73] 王季. 产业链创新系统的研究范式:基于要素、关系与特质的构建[J]. 财经问题研究,2016(02):26-32.

[74] 王丽平,栾慧明. 工业废弃物循环利用网络联动脆弱性与解决机制[J]. 科技进步与对策,2017,34(23):84-91.

[75] 王伟. 资源型产业链的演进、治理与升级:以铜陵市铜产业链为例[J]. 经济地理,2017,37(03):113-120.

[76] 王晓亚. 知识密集型产业协同发展与企业技术创新:作用机理与实证研究[J]. 科学学与科学技术管理,2017,38(4):96-104.

[77] 王瑶,米锋. 园林绿化废弃物资源化利用的贡献度研究:基于减轻北京城市生活垃圾处理压力的视角[J]. 资源开发与市场,2016,32(04):443-446.

[78] 王益民,赵志彬,徐猛. 链内攀升与跨链嵌入:EMS 企业动态能力协同演化:基于 Sanmina 公司的纵向案例研究[J]. 管理评论,2019,31(01):279-292.

[79] 王玉红,郎文颖. 以管窥豹:由资金链断裂看尚德破产重组[J]. 财务与会计,2013(07):15-17.

[80] 吴笑,魏奇锋,顾新. 协同创新的协同度测度研究[J]. 软科学,2015,29(07):45-50.

[81] 吴玉霞. 公共服务链:一个政府购买服务的分析框架[J]. 经济社会体制比较,2014(05):141-147.

[82] 伍先福,杨永德. 产业链治理的核心论题[J]. 科技进步与对策,2016,33(18):72-76.

[83] 武淑萍,于宝琴. 电子商务与快递物流协同发展路径研究[J]. 管理评论,2016,28(07):93-101.

[84] 习近平. 在全国科技创新大会、两院院士大会、中国科协第九次全国代表大会上的讲话[J]. 科技管理研究,2016,36(12):1-4.

[85] 肖序,陈翔. 企业循环经济物质流-价值流原理与优化研究[J]. 山东社会科学,2017(05):153-159.

[86] 徐红,王辉,刘栩君. 快递废弃物回收产业链演化仿真研究[J]. 中国人口·资源与环境,2017,27(01):111-119.

[87] 徐凌星,杨德伟,高雪莉,等. 工业园区循环经济关联与生态效率评价:以福建省蛟洋循环经济示范园区为例[J]. 生态学报,2019,39(12):4328-4336.

[88] 徐升华,吴丹. 基于系统动力学的鄱阳湖生态产业集群"产业-经济-资源"系统模拟分析[J]. 资源科学,2016,38(05):871-887.

[89] 徐研,赵阳. 资金链对接产业链:风险资本能否带来创业企业治理绩效?:基于专用性投资调节效应视角的研究[J]. 上海经济研究,2016(6):11-20.

[90] 颜廷武,何可,张俊飚. 社会资本对农民环保投资意愿的影响分析:来自湖北农村农业废弃物资源化的实证研究[J]. 中国人口·资源与环境,2016,26(01):158-164.

[91] 杨青龙,伍世安,张仲芳. 循环经济是对市场经济的替代吗?[J]. 江淮论坛,2019(03):33-38.

[92] 姚海琳,张翠虹. 中国资源循环利用产业政策演进特征研究[J]. 资源科学,2018,40(03):567-579.

[93] 叶岚,陈奇星. 城市生活垃圾处理的政策分析与路径选择:以上海实践为例[J]. 上海行政学院学报,2017,18(02):69-77.

[94] 佚名. 科技金融:连接"创新链"与"资金链"[J]. 银行家,2016(04):10.

[95] 易可君,朱艳春. 建立创新链、产业链、资金链、利益链协调均衡机制[J]. 湖南财政经济学院学报,2015,31(06):45-51.

[96] 俞金香.《循环经济促进法》制度设计的问题与出路[J]. 上海大学学报(社会科学版),2019,36(04):130-140.

[97] 袁继新,王小勇,林志坚,等. 产业链、创新链、资金链"三链融合"的实证研究:以浙江智慧健康产业为例[J]. 科技管理研究,2016,36(14):31-36.

[98] 张本越,刘佳娜. 静脉产业环境绩效评价指标体系的构建[J]. 统计与决策,2017(05):72-74.

[99] 张弛,钟瑛. 基于大数据的出版供需链2+++构造探究[J]. 科技与出版,2015(05):105-107.

[100] 张国兴,张振华,管欣,等. 我国节能减排政策的措施与目标协同有效吗?:基于1052条节能减排政策的研究[J]. 管理科学学报,2017,20(03):162-182.

[101] 张金昌,范瑞真,胡天雨. 企业资金链断裂风险度量方法研究[J]. 经济管理,2015,37(01):190-199.

[102] 张凯. 密集型数据处理流程:一种新的哲学范式[J]. 哲学动态,2016(07):88-92.

[103] 张岚. 东道国不同所有制类型企业竞争力变化对跨国公司总部策略的影响[J]. 武汉理工大学学报(社会科学版),2016,29(06):1142-1147.

[104] 张利庠,张喜才. 外部冲击对我国农产品价格波动的影响研究:基于农业产业链视角[J]. 管理世界,2011(01):71-81.

[105] 张其春,郄永勤. 城市废弃物资源化利用网络的脆弱性及影响机理[J]. 经济管理,2016,38(10):168-183.

[106] 张胜,郭英远,窦勤超. 新兴产业创新基地研究:基于产业链与创新链融合的视角[J]. 科技管理研究,2015,35(01):113-116.

[107] 张咏梅,张士强,张暖暖. 基于博弈论的静脉产业资源定价策略研究[J]. 山东社会科学,2011(06):113-116.

[108] 赵国党. 新型循环经济发展模式与深化废弃物污染防治[J]. 河南师范大学学报(哲学社会科学版),2016,43(02):93-97.

[109] 赵雪梅. 以共建共享绿色产业链推动城市生活垃圾处理的构想[J]. 环境保护,2018,46(07):52-55.

[110] 郑季良,张亚. 高耗能产业间复合系统循环经济协同度演进实证研究[J]. 科技管理研究,2017,37(15):230-235.

[111] 周军,刘立媛,夏扬. 从影响要素探索我国静脉产业发展政策的形成[J]. 环境保护,2014,42(20):48-50.

[112] 朱文兴. 工业废弃物循环利用网络企业间利益协调机制研究[D]. 江西财经大学,2013.

[113] ALOBWEDE E,LEAKE J R,PANDHAL J. Circular economy fertilization: Testing micro and macro algal species as soil improvers and nutrient sources for crop production in green house and field conditions[J]. Geoderma,2019:113-123.

[114] AWALLUDIN M F,SULAIMAN O,HASHIM R,et al. An overview of the oil palm industry in Malaysia and its waste utilization through thermochemical conversion,specifically via liquefaction[J]. Renewable & Sustainable Energy Reviews,2015:1469-1484.

[115] BEHERA M,BHATTACHARYYA S K,MINOCHA A K,et al. Recycled aggregate from C\&D waste \& its use in concrete - A breakthrough towards sustainability in construction sector:A review[J]. Construction and Building Materials,2014:501-516.

[116] BOVEA M D,PEREZ-BELLS V. Identifying design guidelines to meet the circular economy principles:A case study on electric and electronic equipment[J]. Journal of Environmental Management,2018:483-494.

[117] CUCCHIELLA F,D'ADAMO I,KOH S C L,et al. Recycling of WEEEs: An economic assessment of present and future e-waste streams[J].

Renewable \& Sustainable Energy Reviews,2015:263-272.

[118] DE LA CABA K,GUERRERO P,TRUNG T S,et al. From seafood waste to active seafood packaging: An emerging opportunity of the circular economy[J]. Journal of Cleaner Production,2019:86-98.

[119] DOBRUCKA R. Bioplastic packaging materials in circular economy[J]. Logforum,2019(1):129-137.

[120] FERRONATO N,RADA E C,PORTILLO M A G,et al. Introduction of the circular economy within developing regions: A comparative analysis of advantages and opportunities for waste valorization [J]. Journal of Environmental Management,2019:366-378.

[121] FORRESTER J W. Economic theory for the new millennium[J]. System Dynamics Review,2013,29(1):26-41.

[122] FORRESTER J W. System dynamics - a personal view of the first fifty years[J]. System Dynamics Review,2010,23(2-3):345-358.

[123] FORRESTER J W. System Dynamics - the next fifty years[J]. System Dynamics Review,2010,23(2-3):359-370.

[124] GUILLARD V,GAUCEL S,FORNACIARI C,et al. The next generation of sustainable food packaging to preserve our environment in a circular economy context[J]. Frontiers in Nutrition,2018.

[125] HADI P,XU M,LIN C S K,et al. Waste printed circuit board recycling techniques and product utilization [J]. Journal of Hazardous Materials, 2015:234-243.

[126] HOSSAIN M U,NG S T. Critical consideration of buildings' environmental impact assessment towards adoption of circular economy: An analytical review[J]. Journal of Cleaner Production,2018:763-780.

[127] JAIN S,WOLF I T,et al. A comprehensive review on operating parameters and different pretreatment methodologies for anaerobic digestion of municipal solid waste [J]. Renewable & Sustainable Energy Reviews, 2015:142-154.

[128] KIRCHHERR J, REIKE D, HEKKERT M. Conceptualizing the circular economy: An analysis of 114 definitions[J]. Resources Conservation and Recycling, 2017:221-232.

[129] LAURENT A, BAKAS I, CLAVREULJ, et al. Review of LCA studies of solid waste management systems – Part I: Lessons learned and perspectives[J]. Waste Management, 2014(3):573-588.

[130] LEE K, LEUNG Y T, Pinedo M L. Coordination mechanisms with hybrid local policies[J]. Discrete Optimization, 2011, 8(4):513-524.

[131] LIEDER M, RASHID A. Towards circular economy implementation: a comprehensive review in context of manufacturing industry[J]. Journal of Cleaner Production, 2016:36-51.

[132] LIM S L, LEE L H, WU T Y. Sustainability of using composting and vermicomposting technologies for organic solid waste biotransformation: recent overview, greenhouse gases emissions and economic analysis[J]. Journal of Cleaner Production, 2016(A):262-278.

[133] LIU X, GUO P, GUO S. Assessing the eco-efficiency of a circular economy system in China's coal mining areas: Emergy and data envelopment analysis [J]. Journal of Cleaner Production, 2019: 1101-1109.

[134] MILLS J I, EMMI P C. Limits to growth: The 30 year update[J]. Journal of Policy Analysis & Management, 2010, 25(1):241-245.

[135] PEGELs C C, YONG I S. Competitive inter firm interactions: determinants of divergence versus convergence [J]. Management Decision, 2012, 38(3):194-208.

[136] SAIDANI M, YANNOU B, LEROY Y, et al. A taxonomy of circular economy indicators[J]. Journal of Cleaner Production, 2019:542-559.

[137] SHU X, HUANG B. Recycling of waste tire rubber in asphalt and portland cement concrete: An overview [J]. Construction and Building Materials, 2014(B, SI):217-224.

[138] SIMON B. What are the most significant aspects of supporting the circular economy in the plastic industry? [J]. Resources Conservation and Recycling,2019:299-300.

[139] SMOL M,KULCZYCKA J,HENCLIK A,et al. The possible use of sewage sludge ash (SSA) in the construction industry as a way towards a circular economy[J]. Journal of Cleaner Production,2015:45-54.

[140] SOLTANI A, HEWAGE K, REZA B, et al. Multiple stakeholders in multi-criteria decision-making in the context of Municipal Solid Waste Management:A review[J]. Waste Management,2015:318-328.

[141] SUN M,ZHAI L,LI W,et al. Harvest and utilization of chemical energy in wastes by microbial fuel cells[J]. Chemical Society Reviews,2016(10): 2847-2870.

[142] ZHENGYANG Y,JIANJUN L,XIAOWEN Z,et al. Spatial dynamics of aboveground carbon stock in urban green space:a case study of Xi´an, China[J]. Journal of Arid Land,2015,7(03):350-360.

[143] センタークリーンジャパン. リサイクルキーワード[J]. 1993.

[144] 松村治夫. エコテクノロジー-資源循環型社会の構築に向けて-[J]. 日本学術振興会素材プロセシング第69委員会資料,1996.

后　记

中国政府正在积极建设"资源节约型、环境友好型"社会,废弃物再利用既可以节约资源,又可以保护环境,是推动"两型"社会建设的重要途径。2018年12月29日国务院办公厅印发《"无废城市"建设试点工作方案》(国办发〔2018〕128号),将广东省深圳市等11个城市作为试点建设城市,持续推进固体废物源头减量和资源化利用,最大限度减少填埋量,将固体废物环境影响降至最低。"无废城市"建设对于深入打好污染防治攻坚战和碳达峰碳中和等重大战略,具有不可忽视的作用。为了实现这一战略构想,全国各地建设了不少静脉产业园,这些静脉产业园在土地集约利用、废物集约处理和利用、加快生态文明建设方面已经发挥了重要作用,同时也取得了一些宝贵经验。但笔者研究发现,一些静脉产业园存在产业链条短、产业环节缺失、产业发展能力受限、创新不足、配套服务跟不上、资金支持不力、资金流动能力不强等问题,反映了产业链、创新链、服务链和资金链之间存在协同性问题,做好这一问题的研究并提出建设性意见,对促进我国静脉产业发展有一定现实意义。

我要感谢我的博导张凯教授和熊胜绪教授,在本书的写作过程中,两位教授给予了极大关注和诸多很好的建议,没有两位教授的鼓励和帮助,本书是难以完成的。我要感谢妻子张红丽女士和儿子赵家辉的理解和支持,没有他们的理解和支持,我很难抽出足够的时间对本书涉及到的问题做深入的研究,更是难以完成本书的写作。我更要感谢七十多岁的老母亲,她为我洗衣做饭打扫家庭卫生,任劳任怨,母亲的劳苦是我的精神源泉,是我写作本书的动力。

由于写作时间仓促,加之本人学识有限,书中会有许多不足之处,我期待同行和专家对本书提出宝贵意见。

赵国甫
2022 年 6 月于绿城郑州